238

DOLORAS. CANTARES. LOS PEQUEÑOS POEMAS

COLECCIÓN AUSTRAL
N.º 238

RAMÓN DE CAMPOAMOR

DOLORAS. CANTARES. LOS PEQUEÑOS POEMAS

QUINTA EDICIÓN

ESPASA-CALPE, S. A.

MADRID

Ediciones para la

COLECCIÓN AUSTRAL

Primera edición: 15 - XII - 1941
Segunda edición: 31 - VII - 1944
Tercera edición: 10 - I - 1947
Cuarta edición: 22 - I - 1952
Quinta edición: 21 - XI - 1967

© *Espasa-Calpe, S. A., Madrid, 1941*

———

Depósito legal: M. 20.029—1967

Printed in Spain

Acabado de imprimir el día 21 de noviembre de 1967

Talleres tipográficos de la Editorial Espasa-Calpe, S. A.
Ríos Rosas, 26. Madrid

ÍNDICE

DOLORAS

CANTARES

LOS PEQUEÑOS POEMAS

COSAS DE LA EDAD

I

—Sé que, corriendo, Lucía,
tras criminales antojos,
has escrito el otro día
una carta que decía:
«Al espejo de mis ojos.»

Y, aunque mis gustos añejos
marchiten tus ilusiones,
te han de hacer ver mis consejos
que contra tales espejos
se rompen los corazones.

¡Ay! ¡No rindiera, en verdad,
el corazón lastimado
a dura cautividad,
si yo volviera a tu edad,
y lo pasado pasado!

¿Por tus locas vanidades,
que son, ¡oh, niña!, no miras
más amargas las verdades
cuanto allá en las mocedades
son más dulces las mentiras,

y que es la tez seductora
con que el semblante se aliña,
luz que la edad descolora...?
Mas ¿no me escuchas, traidora?
(¡Pero, señor, *si es tan niña!...*)

II

—Conozco, abuela, en lo helado
de vuestra estéril razón,
que en el tiempo que ha pasado,
o habéis perdido o gastado
las llaves del corazón.

Si amor con fuerzas extrañas
a un tiempo mata y consuela,
justo es detestar sus sañas;
mas no amar, teniendo entrañas,
eso es imposible, abuela.

¿Nunca soléis maldecir
con desesperado empeño
al sol que empieza a lucir,
cuando os viene a interrumpir
la felicidad de un sueño?

¿Jamás en vuestros desvelos
cerráis los ojos con calma
para ver solas, sin celos,
imágenes de los cielos
allá en el fondo del alma?

¿Y nunca veis, en mal hora,
miradas que la pasión
lance tan desgarradora,
que os hagan llevar, señora,
las manos al corazón?

¿Y no adoráis las ficciones
que, pasando, el alma deja
cierta ilusión de ilusiones?
Mas ¿no escucháis mis razones?
(¡Pero, señor, *si es tan vieja!*...)

III

—No entiendo tu amor, Lucía.
—Ni yo vuestros desengaños.
—Y es porque la suerte impía
puso entre tu alma y la mía
el yerto mar de los años.
Mas la vejez destructora
pronto templará tu afán.

—Mas siempre entonces, señora,
buenos recuerdos serán
las buenas dichas de ahora.
—¡Triste es el placer gozado!
—Más triste es el no sentido ;
pues yo decir he escuchado
que siempre el gusto pasado
suele deleitar perdido.
—Oye a quien bien te aconseja.
—Inútil es vuestra riña.
—Siento tu mal.
                    —No me aqueja.
—(¡Pero, señor, *si es tan niña!*...)
—(¡Pero, señor, *si es tan vieja!*...)

PROPÓSITOS VANOS

> Nunca te tengas por seguro
> en esta vida.
> (KEMPIS, lib. I, cap. XX.)

LA PENITENTA

—Padre, pequé y perdonad
si, en mi amorosa contienda
se lleva el viento, a mi edad,
propósitos de la enmienda.

EL CONFESOR

¡Siempre es viento
a esa edad un juramento!
¿Qué pecado es, hija mía?

LA PENITENTA

—El *mismo* del otro día ;
y, aunque es el *mismo,* id templando
          vuestro gesto,
pues dijo ayer, predicando,
          fray Modesto
que es inútil la más pura
          contrición,

si abona nuestra ternura
flaquezas del corazón.
   Ayer, padre, por ejemplo,
tocó a misa el sacristán,
y, en vez de correr al templo,
corrí a la huerta con Juan.

EL CONFESOR

   ¡Triste don,
correr tras su perdición!...

LA PENITENTA

   Sí, señor ; mas don tan vil,
de mil, lo tenemos mil.
No hay niña que a amor no acuda
      más que a misa ;
que el diantre a todas, sin duda,
      nos avisa
que es inútil la más pura
      contrición,
si abona nuestra ternura
flaquezas del corazón.
   La verdad, tan poco ingrata
con Juan estuve en la huerta,
que, como él mirando mata,
huí de él... como una muerta.

EL CONFESOR

   ¡Dulcemente
fascina así la serpiente!

LA PENITENTA

   ¡No lo extrañéis, siendo el pecho
de masa tan frágil hecho!
Si voy, cuando muera, al cielo
      (que lo dudo),
ya contaré que en el suelo
      nunca pudo

sernos útil la más pura
            contrición,
si abona nuestra ternura
flaquezas del corazón.

Y mañana, ¿qué he de hacer,
padre, al sonar la campana,
si él me dice hoy, como ayer:
«Vuelve a la huerta mañana»?

EL CONFESOR

¡Ay de vos!
¡Antes Dios y siempre Dios!

LA PENITENTA

Es cierto, mas entre amantes
no siempre suele ser antes.
Y, en fin, si de ser cautiva
      me arrepiento,
o me absolvéis mientras viva,
      o presiento
que es inútil la más pura
            contrición,
si abona nuestra ternura
flaquezas del corazón.

VIRTUD DE LA HIPOCRESÍA

> No eres más santo porque te
> alaben, ni más vil porque te des-
> precien. Lo que eres eso eres.
> (KEMPIS, libro II, cap. VI).

Ya he visto con harta pena
que ayer, alma de mi alma,
mandaste colgar, Elena,
de tu balcón una palma.

Y, o la palma no es el título
de una candidez notoria,
o no es cierto aquel capítulo
en que habla de ti la historia.

Pues dicen que hoy, imprudente,
después que la palma vio,
riéndose maldiciente
cierto galán exclamó:

«Mal nuestra honradez se abona
si nuestras virtudes son
cual la virtud que pregona
la palma de ese balcón.»

Bien te hará entender, Elena,
esta indirecta cruel,
que ya es pública la escena
que pasó entre Dios, tú y él.

Pues, al mirarte embebido,
dice entre sí el vulgo ruin:
«Ya hay alientos que han mecido
las flores de ese jardín.»

Mas tú niega el hecho, Elena,
porque en materias de honor,
antes, el Código ordena,
ser mártir que confesor.

Aunque a hablar de ti se atrevan,
siempre será necio intento
dudar de honras que se llevan
palabras que lleva el viento.

Da al misterio la verdad,
que la virtud, en su esencia,
es *opinión* la mitad,
y otra mitad *apariencia.*

Palma ostenta, pues es uso,
que, aunque mentir no es prudente,
por algo Dios no nos puso
el corazón en la frente.

Nada a confesar te venza,
que engañar por el honor
es en los hombres *vergüenza,*
y en las mujeres *pudor ;*

y si tu honor duda implica,
no dudes que hay mil que son
cual la virtud que publica
la palma de tu balcón.

BUENAS COSAS MAL DISPUESTAS

Epístola a Emilia.

(SÁTIRA CONTRA EL GÉNERO HUMANO)

> Verdadera miseria es vivir en la tierra. Cuanto el hombre quiere ser más espiritual tanto le será más amarga la vida, porque siente mejor y ve más claro los efectos de la corrupción humana.
>
> (KEMPIS, lib. I, cap. XXII.)

INTRODUCCIÓN

Del hombre, Emilia, las virtudes canto,
aunque al hombre, al cantar, siempre sin calma,
cayendo está sobre mi risa el llanto.

Dicen que lleva la moral la palma
con el físico el alma comparando,
mas tan ruin tiene el cuerpo como el alma.

Perdonad mi opinión los que, llamando
al hombre la mejor de las conquistas,
un culto le rendís, ¡culto nefando!

Hablo con vos, ilusos moralistas ;
con vos, factores de virtudes, hablo,
que en el hombre miráis cosas no vistas.

Vos, alzando un aurífero retablo,
ponéis al hombre en preeminente nicho,
siendo digno de altares como el diablo.

Vos, que le amáis por bárbaro capricho,
sois, su hipócrita instinto disculpando,
más hipócritas que él: lo dicho, dicho.

Vos, al hombre en vosotros adorando,
vivís, amantes de vosotros mismos,
la humanidad falaces incensando.

¡Huid, con tan revueltos silogismos,
a la luz con que alumbro, temerario,
del corazón los múltiples abismos!

Derrocad por pudor vuestro escenario,
o, agitado a mi voz el pueblo, arguyo
que os romperá en la frente el incensario.

Mas ya de vos, sin ahuyentaros, huyo
porque, altivo, desprecio a los histriones,
y en santa paz mi introducción concluyo.

Cuando, cual don de sus mejores dones,
Dios hizo al hombre, le adoptó por hijo,
y, en su afán, le colmó de bendiciones.

Y en cuanto al hombre su Señor bendijo,
«Si ennobleces con esto tu existencia,
serás mi ser más predilecto», dijo.

Y en prueba de inmortal munificencia,
echó a sus pies con paternal contento
la *fe,* el *amor,* la *gloria,* la *conciencia,*
el *honor,* la *virtud,* el *sentimiento.*

I.   EL SENTIMIENTO

¿Qué dirás lo que hizo el hombre, aun inocente,
al verse de virtudes opulento?
(No te rías, Emilia.) Lo siguiente:

Al *sentimiento* se acercó al momento,
y echando al corazón enhoramala,
se colocó en la *piel* el *sentimiento.*

La aprensión, vive Dios, no fue tan mala,
porque en su alma el dolor jamás se ceba,
pues siempre fácil por su piel resbala.

Así el dolor de la más triste nueva,
si un aire se lo trae, cuando pasa,
otro aire, cuando pasa, se lo lleva.

Y así el alma en sentir es tan escasa,
cuando antes por la piel el *sentimiento*
con ímpetus brutales no traspasa.

¡Ay, por eso se olvidan al momento
al muerto padre, que a llorar provoca,
la ausencia de un amigo y de otros ciento!

Y así el alma en su fondo nunca toca
la lumbre de unos ojos que se inflaman,
el regalado aliento de una boca.

Y por eso nunca oye a los que llaman,
cuando, con voces de dolor gimiendo,
del corazón contra las puertas llaman.

Y solamente con la *piel* sintiendo,

al hombre vil con corazón vacío
(de golpes y estocadas prescindiendo),
¡Sólo le afectan el CALOR *y el* FRÍO!
  ¿Lo has oído, bien mío?
¡Sólo le afectan el CALOR *y el* FRÍO!

II. LA CONCIENCIA

  El hombre, por su infamia o su inocencia,
se puso en el *estómago,* y no es broma,
la augusta cualidad de la *conciencia.*

  Por su *conciencia* el hambre a veces toma,
y por eso en el hombre nadie extraña
que su deber olvide porque coma.

  ¡El alma enciende en implacable saña
ver la *conciencia* a la opresión expuesta
de un atracón de trufas y champaña!

  En alta voz mi corazón protesta
contra esta rectitud del hombre fiero,
puesto que de él la rectitud es ésta.

  ¿Quién espera en la fe de un caballero,
si otro contrario regaló su panza
(hablo siempre en metáfora) primero?

  ¿Quién verá sin impulsos de venganza
que un cuarterón de... (cualquier cosa) inclina
de la justicia la inmortal balanza?

  ¡Mísera humanidad, a quien domina
ya de una poma la frugal presencia,
ya el aspecto vulgar de una sardina!

  Jamás un noble escucha con paciencia,
que llame a su despensa algún ricacho
general tentación de la conciencia.

  ¿A qué alma sin doblez no causa empacho
ver que el hombre honrosísimas cuestiones
las reduce a cuestiones de gazpacho?

  Decid ¡oh diplomáticos varones!
los muchos tratos que hacen y deshacen
pechugas de perdices y pichones.

  El hambre o el interés deshacen o hacen
cuanto ofrece aumentar nuestra opulencia,
pues como dicen los que pobres nacen:

«*El hambre* es quien regula la *conciencia*.»
Añade a tu conciencia,
que el hambre es quien regula la conciencia.

III.   EL HONOR.—LA VIRTUD

VIRTUD Y HONOR, Emilia, y no te asombre,
puso el hombre en la *lengua,* y por lo mismo
de *honor* y de *virtud* tanto habla el hombre.
    De su virtud y honor el heroísmo
pondera altivo, hablando y más hablando,
silogismo añadiendo a silogismo.
    Siempre al hombre más vil verásle alzando
un pedestal donde su honor se ostente,
las frases con las frases combinando.
    Rico o pobre, el mortal eternamente
llama a su honra *el amor de los amores ;*
¡maldito charlatán, y cuánto miente!
    Jamás a la *virtud faltan* loores
de las doncellas en la linda boca,
cráter que mayo coronó de flores.
    Hay tanta lengua que el *honor* evoca,
que, ya ofuscada mi razón, no explico
si a risa, a llanto o a indignación provoca.
    Perpetuamente en expresiones rico,
¡qué hermoso fuera el hombre si tuviese
las entrañas tan bellas como el pico!
    En general, si hay uno que os confiese
que es la virtud su solo patrimonio,
bien podéis exclamar: «¡Qué pobre es ése!»
    O buscad de su *honor* un testimonio ;
veréis que por dos cuartos... (y son caras)
honra y virtud se las vendió al demonio.
    Pues, como dijo el padre Notas claras
(que era un fraile muy sabio, por más mengua):
«Salvo alguna excepción (que son muy raras),
no hay *honor* ni *virtud* más que en la lengua.»
    ¿Lo has entendido? ¡Oh mengua!
¡No hay honor ni virtud más que en la lengua!

IV. EL AMOR

«¿Qué hizo el hombre —dirás, Emilia bella—
con la llama de AMOR? ¡Ay! El idiota
la torpe sangre se inflamó con ella.

Y así, de *amor* si el huracán le azota,
por sus entrañas circulando ardiente,
el torpe incendio a los sentidos brota.

Lleva el *amor* su antorcha diligente
por aldeas, por villas y por plazas,
de nación en nación, de gente en gente.

Diablo es *amor* de angelicales trazas
que, estirpes con estirpes confundiendo,
las razas asimila con las razas ;

ora hacia el lecho conyugal corriendo,
de alta estirpe pervierte el tronco honrado,
de un ruin árbol el germen ingiriendo ;

ora, en traje modesto disfrazado,
la inocencia sorprende en la cabaña,
de mirtos y de rosas coronado ;

ya con infame ardor, montando en saña,
la augusta luz de la imperial diadema
con nieve eterna el deshonor empaña ;

y en el furor de su ilusión extrema,
con vil incesto, ignominiosamente,
el santo hogar donde nacimos quema.

Pasa, gozada, una ilusión ardiente,
¡oh fútil brillo de la gloria humana!
como todos los goces, de repente.

Y hasta los fuegos que tu pecho emana,
mañana acabarán, Emilia mía ;
¡sí, Emilia mía, acabarán mañana!

El más seguro *amor* que el cielo envía,
entre el montón de los recuerdos vaga,
después que pasa un día y otro día.

¡Es triste que el *amor,* que tanto halaga,
se extinga, no apagándolo, en pavesas,
o en cenizas se extinga, si se apaga!

Mas, pese a las promesas más expresas,
muere el *amor* más tierno, confundido
entre cartas y dijes y promesas.

Y al llegar fácilmente reducido
al término infalible de la muerte,
en cenizas o pavesas convertido,
fuego es *amor* que en aire se convierte.
    Advierte, Emilia, advierte:
¡Fuego es amor que en aire se convierte!

V. LA FE.—LA GLORIA

La bribonada, Emilia, o la simpleza,
cometió el hombre de poner FE y GLORIA
donde está la locura, en la cabeza.
    Por eso en nuestra mente transitoria
la *fe*, que muchos con placer veneran,
es tan fútil cual rápida memoria.
    Y aunque se indignen los que en ella esperan,
la *gloria* es sueño, ¡oh! sí, simple embeleso,
sombra, ilusión, o lo que ustedes quieran.
    ¡A cuánto exceso arrastra, a cuánto exceso,
ese tropel de imágenes que crea
la propiedad fosfórica del seso!
    ¡Por la *gloria* el mortal llegar desea
a la inmortalidad! ¡Nombre rotundo!
¡Buen lugar para el tonto que lo crea!
    Por la *fe*, en este piélago profundo,
mil rosas aguardamos tras la losa,
¡oh esperanza dulcísima del mundo!
    Y sólo por la *gloria* —AQUÍ REPOSA—
grabamos en sonoras expresiones:
DON FULANO DE TAL, QUE FUE TAL COSA.
    Y por más que en tan vagas emociones
su existencia malgaste con empeño
(su destino es correr tras de ilusiones),
gloria y *fe* para el hombre son un sueño.
    No lo olvides, mi dueño:
¡Gloria y fe para el hombre son un sueño!

CONCLUSIÓN

Ya que mi atroz prolijidad lamentas,
voy, Emilia, a decir, por consiguiente,
lo que es el hombre en resumidas cuentas:

Ahoga el *interés* primeramente
su *honor* y su *virtud,* su *fe* y su *gloria,*
y con *frío y calor* tan sólo siente.

En fin, porque ya abrumo tu memoria,
de las virtudes lloraré la ausencia,
pues mi pasión por ellas te es notoria.

¡FE, SENTIMIENTO, AMOR, HONRA Y CONCIENCIA,
pues se os desprecia, abandonad el suelo,
ensueños de mi cándida inocencia!

¡Tornad, fuentes del bien, tornad el vuelo
para castigo de la humana gente,
a vuestra patria natural, el cielo!

¡GLORIA Y VIRTUD! Yo os juro tiernamente
que, al alejaros, desgarráis atroces
el corazón donde os guardé inocente.

¡Huid, a mi pesar, huid veloces,
leves emblemas del orgullo humano,
sonoros ecos de proscritas voces!

¡Adiós! Y, por dar fin, bésoos la mano,
pues ya me llena de mortal despecho
la convicción de que predico en vano.

Que a ahogar el hombre sus virtudes hecho,
sólo le han de afectar, a pesar mío
(por Dios, que este final desgarra el pecho),
¡calor, hambre, *interés, amor* o *frío!...*

Apréndelo, bien mío:
¡CALOR, HAMBRE, INTERÉS, AMOR O FRÍO!...

LA OPINIÓN

A mi querida prima Jacinta White
de Llano, en la muerte de su hija.

¡Pobre Carolina mía!
¡Nunca la podré olvidar!
Ved lo que el mundo decía
viendo el féretro pasar:
    Un clérigo.—Empiece el canto.
El doctor.—¡Cesó el sufrir!
El padre.—¡Me ahoga el llanto!
La madre.—¡Quiero morir!

Un muchacho.—¡Qué adornada!
Un joven.—¡Era muy bella!
Una moza.—¡Desgraciada!
Una vieja.—¡Feliz ella!
   —¡Duerme en paz! —dicen los buenos.
   —¡Adiós! —dicen los demás.
Un filósofo.—¡Uno menos!
Un poeta.—¡Un ángel más!

¡QUIÉN SUPIERA ESCRIBIR!

I

—Escribidme una carta, señor cura.
        —Ya sé para quién es.
—¿Sabéis quién es, porque una noche oscura
        nos visteis juntos?
                              —Pues.
—Perdonad, mas...
                —No extraño ese tropiezo.
        La noche... la ocasión...
Dadme pluma y papel. Gracias. Empiezo:
        Mi querido Ramón:

—¿Querido?... Pero, en fin, ya lo habéis puesto...
        —Si no queréis...
                        —¡Sí, sí!
—¡Qué triste estoy! ¿No es eso?
                        —Por supuesto.
        —¡Qué triste estoy sin ti!

Una congoja, al empezar, me viene...
        ¿Cómo sabéis mi mal?...
—Para un viejo, una niña siempre tiene
        el pecho de cristal.

—¿Qué es sin ti el mundo? Un valle de amargura.
        ¿Y contigo? Un edén.
—Haced la letra clara, señor cura,
        que lo entienda eso bien.

—*El beso aquel que de marchar a punto*
    te di... —¿Cómo sabéis?...
—Cuando se va y se viene y se está junto,
    siempre... no os afrentéis.

Y si volver tu afecto no procura,
    tanto me harás sufrir...
—¿Sufrir y nada más? No, señor cura,
    ¡que me voy a morir!

—¿Morir? ¿Sabéis que es ofender al cielo?...
    —Pues sí, señor ; ¡morir!
—Yo no pongo *morir*. —¡Qué hombre de hielo!
    ¡Quién supiera escribir!

II

—¡Señor rector, señor rector! En vano
    me queréis complacer,
si no encarnan los signos de la mano
    todo el ser de mi ser.

Escribidle, por Dios, que el alma mía
    ya en mí no quiere estar ;
que la pena no me ahoga cada día...
    porque puedo llorar.

Que mis labios, las rosas de su aliento,
    no se saben abrir ;
que olvidan de la risa el movimiento
    a fuerza de sentir.

Que mis ojos, que él tiene tan bellos,
    cargados con mi afán,
como no tienen quien se mire en ellos
    cerrados siempre están.

Que es, de cuantos tormentos he sufrido,
    la ausencia el más atroz ;
que es un perpetuo sueño de mi oído
    el eco de su voz... ;

que siendo por su causa el àlma mía
¡goza tanto en sufrir!...
Dios mío, ¡cuántas cosas le diría
si supiera escribir!...

III

—Pues, señor, ¡bravo amor! Copio y concluyo:
A don Ramón... En fin,
que es inútil saber para esto arguyo
ni el griego ni el latín.

EL BESO

Mucho hace el que mucho ama.
(Kempis, lib. I, cap. XV.)

I

Me han contado que, al morir,
un hombre de corazón,
sintió, o presumió sentir,
en Cádiz repercutir
un beso dado en Cantón.
¿Que es imposible, Asunción?
Veinte años hace que di
el primer beso, ¡ay de mí!,
de mi primera pasión...
¡y todavía, Asunción,
aquel frío que sentí
hace arder mi corazón!

II

Desde la ciega atracción,
beso que da el pedernal,
subiendo hasta la oración,
último beso mental,
es el beso la expansión
de esa chispa celestial
que inflamó la creación,
y que, en su curso inmortal
va, de crisol en crisol,

su intensa llama a verter
en la atmósfera del ser
que de un beso encendió el sol.

III

De la cuna al ataúd
va siendo el beso, a su vez,
amor en la juventud,
esperanza en la niñez,
en el adulto *virtud*
y *recuerdo* en la vejez.

IV

¿Vas comprendiendo, Asunción,
que es el beso la expresión
de un idioma universal,
que, en inextinto raudal,
de una en otra encarnación
y desde una en otra edad,
en la mejilla es *bondad,*
en los ojos *ilusión,*
en la frente *majestad,*
y entre los labios *pasión?*

V

¿Nunca se despierta en ti
un recuerdo, como en mí,
de un amante que se fue?
Si me contestas que sí,
eso es un beso, Asunción,
que en alas de no sé qué
trae la imaginación.

VI

¡Gloria a esa oscura señal
del hado en incubación,
que es el germen inmortal
del alma en fermentación,

y a veces trasunto fiel
de todo un mundo moral;
y si no, dígalo aquel
de entre el cual y bajo el cual
nació el alma de Platón!

VII

¡Gloria a esa condensación
de toda la eternidad,
con cuya tierna efusión
da la paz, la religión;
con la cual la caridad
siembra en el mundo el perdón;
himno a la perpetuidad,
cuyo misterioso son,
sin que lo oiga el corazón,
suena en la posteridad!

VIII

¿Vas comprendiendo, Asunción?
Mas por si acaso no crees
que el beso es el conductor
de ese fuego encantador
con que a este mundo que ves
ha animado el Criador...
prueba a besarme, y después
un beso verás cómo es
esa copa del amor
llena de vital licor
que, en el humano festín,
de una en otra boca, al fin
llega, de afán en afán,
a tu boca de carmín
desde los labios de Adán.

IX

Prueba en mí, por compasión,
esa clara iniciación
de un oscuro porvenir,
y entonces, bella Asunción,
comprenderás si, al morir,

un hombre de corazón
habrá podido sentir
en Cádiz repercutir
un beso dado en Cantón.

COSAS DEL TIEMPO

Pasan veinte años; vuelve él,
y, al verse, exclaman él y ella:
(—¡Santo Dios! ¿Y éste es aquél?...)
(—¡Dios mío! ¿Y ésta es aquélla?...)

ENGAÑOS DEL ENGAÑO

—¡Cuánto creía en ti, cuánto creía!
—Te juro que, aunque infiel, soy inocente.
—¿No pensabas amarme eternamente?
—Yo lo pensaba así, querida mía.
De mi error en disculpa, este letrero
sobre mi tumba dejaré grabado:
«Perdónale al infiel que te ha engañado,
porque a sí mismo se engañó primero.»

LOS DOS ESPEJOS

En el cristal de un espejo
a los cuarenta me vi,
y, hallándome feo y viejo,
de rabia el cristal rompí.
Del alma en la transparencia
mi rostro entonces miré,
y tal me vi en la conciencia,
que el corazón me rasgué.
Y es que, en perdiendo el mortal
la fe, juventud y amor,
¡se mira al espejo, y... mal!,
¡se ve en el alma, y... peor!

LA FE Y LA RAZÓN

A don Nicomedes Martín Mateos

I

La reina de Suecia un día,
recibiendo gravemente
lección de filosofía,
a Descartes le decía
con gravedad lo siguiente:
—Lleváis, maestro, al exceso
de mi ignorancia la fe:
Pienso, luego *soy.* No es eso:
pienso, luego *sé que sé.*

Ya veis que empiezo a dudar,
como vos, para creer.
Pero antes de comenzar
decidme: ¿es ser el pensar?
¿Acaso el ser es saber?

No os alteréis; con paciencia
probaré que vuestra ciencia
puede resumirse así:
Yo *soy* lo que *es.* Consecuencia:
No hay verdad en la experiencia
ni dicha fuera de mí:
pues que saca la conciencia
fe, dicha y verdad, de sí.

¿Mi deducción no es probada?
Sin duda, pues la acomodo
a vuestra tesis sentada:
Yo soy solo el ser ; de modo
que si es mi conciencia todo,
todo lo demás es nada.
¡Oh maldito escepticismo!
¿No estáis viendo, hombre inhumano,
que con atroz ateísmo
lanza vuestra impía mano
a Dios y al mundo a un abismo,
siendo el pensamiento humano
de sus juicios soberano
y único juez de sí mismo?

¡Horrible es la ciencia, sí,
que hasta de la fe el consuelo
mata ; pues juzgando así,
si existe Dios en el cielo,
sólo es porque existe en mí!

¡Maestro! Vuestra opinión
que es ilusión confesad,
y si no es una ilusión,
mi mente es la autoridad ;
la dicha es mi corazón,
soy lo que *es ;* y, en conclusión,
mi verdad es la verdad,
mi razón es la razón.

II

Descartes, después de oír
a su alumna en aquel día,
de tristeza que tenía
se puso el pobre a morir,
y así, muriendo, decía:
—¡Ay! ¿Qué puedo conocer,
gran Dios, si ignoro yo mismo
si es igual pensar y ser?
¿Cómo salvaré el abismo
que hay entre el ser y el saber?

¿Dónde estás, razón que adoro?
¡Valedme, adorada fe!
¿Cuál es la verdad que exploro?
Ya *sé que soy: bien,* ¿y qué?
¡Nada! Excepto el *sé que sé,*
todo lo demás lo ignoro.

¡Noble razón!, ¡santa fe!,
¿eternamente estaré
entre una y otra suspenso?
No hay duda ; pienso que pienso,
mas lo que pienso no sé.

¿Será verdad que mi ciencia
va del ateísmo en pos,
y que sin fe ni experiencia
no existe más ley de Dios
que la ley de la conciencia?

¡Grande es mi error, pese a tal!
*Soy, porque pienso ; ¿*y después?
Después ya no hay bien ni mal,
pues cada hombre entonces es
centro del mundo moral.

¿Y cómo ha de hallar el alma
en este mundo quietud,
sin virtud que dé la calma,
sin fe que dé la virtud?

¡Sacadme, Dios de bondad,
de esta eterna confusión!
¿Mi verdad es la verdad?
¿Mi razón es la razón?

III

Cuando Descartes murió,
Cristina, del *sé que sé*
las consecuencias sacó,
y a Monaldeschi mató,
dio a su trono un puntapié,
su religión abjuró,
y al fin refugio buscó
en la católica fe.
Tal fue su historia. De suerte
que, de cuanto hay aburrida,
yendo hacia la eterna vida
que no muere con la muerte,
el célebre *sé que sé*
dio al olvido, y de este modo
halló la ciencia en la fe,
última verdad de todo.

Y próxima ya a llegar
a aquel último momento
en que engañar el pesar
es nuestro solo contento,
decía con humildad,
pidiendo al cielo perdón:
—Recibe, Dios de bondad,
mi postrera confesión.
es la fe mi autoridad,

es el mal mi corazón.
¡No es mi verdad la verdad!
¡No es mi razón la razón!

TODO ES UNO Y LO MISMO

(Axioma de Schelling.)

A MI AMIGO EL MARQUÉS DE MOLÍNS

PRIMERA PARTE

A LO IDEAL POR LO REAL

I

Juan amaba tanto a Luisa
como a Luis quería Juana;
y aunque me exponga a la risa
de la multitud liviana,
diré que su simpatía
rayaba en tales extremos
cual la que tener podemos
tú a tu esposa y yo a la mía.
Sí, marqués, no os cause espanto
el que ponga frente a frente
su encanto con nuestro encanto,
pues podéis creer firmemente
que, aunque no se amasen tanto,
se amaban inmensamente.

II

Mas la muerte, esa tirana
que siempre el mal improvisa,
llevándose a Juan y a Juana,
solos dejó a Luis y a Luisa.

III

Llorando la mala suerte
de los dos que se murieron,

los vivos casi estuvieron
a las puertas de la muerte.
¡Siempre a nuestra vida humana
es otra vida precisa!
Así Luis quedó sin Juana,
como al perder a Juan, Luisa,
sin que nadie amenguar pueda
las lágrimas, ¡ay!, que llora ;
como se queda el que queda
cuando al que se ve se adora.

IV

Desde entonces, poco a poco,
tan loca ella como él loco,
por cuantos sitios frecuentan
marchan con pasos inciertos,
tan tristes, tan pensativos
que parecen que alimentan
las almas de los dos muertos
los cuerpos de los dos vivos.
Y al verlos tan sólo atentos
a su ventura ilusoria,
sombra de dos pensamientos
que alumbran desde la gloria,
llama la gente liviana,
sirviendo al vulgo de risa,
«la *loca* por Juan» a Luisa,
y a Luis «el *loco* por Juana».

V

¡Luisa feliz, que en un duelo
toda su delicia encierra,
cual ángel que por la tierra
cruza de paso hacia el cielo!
Sueña, sueña ángel hermoso,
en tu dicha malograda,
porque la dicha soñada
¡es un sueño tan dichoso!...
¡Dichoso Luis! Sus tormentos,
en su sueño delicioso,

trueca en bellas ilusiones,
lo que es horrible, en hermoso,
la realidad, en visiones ;
días de angustia, en momentos...
¡Una y mil veces dichoso
aquel que sus sensaciones
transfigura en pensamientos!

SEGUNDA PARTE

A LO REAL POR LO IDEAL

I

Rogar con cierto misterio
en un cierto cementerio
a una sombra se divisa ;
es que por Juan reza Luisa.
Otra sombra que hay cercana
es Luis, que reza por Juana.
Se lamentan los dos vivos
por sus muertos respectivos
con corazón tan ardiente
que al mirarse frente a frente,
dicen la una y el uno:
—¡Qué importuna! —¡Qué importuno!
Y Luis huyendo de Luisa,
y Luisa de Luis huyendo,
se marchan, casi corriendo,
y corren, casi de prisa.

II

En el mismo cementerio
y con el mismo misterio
se hallan los dos otro día,
y mientras Luisa exclamaba:
«Cuando mi amante vivía
le hallaba donde le hallaba,
y hoy, que en la tumba me espera,
su sombra está dondequiera»,

lanzando quejas amantes
dice Luis del mismo modo:
«Si todo estaba en ti antes,
ahora tú estás en todo.»
Y esta vez menos esquivos,
o de agradarse más ciertos
después de orar por los muertos
se hablaron algo los vivos.

III

Desde entonces los amantes
dijeron, siempre con fuego,
una larga oración antes
y un corto diálogo luego ;
mas consignar bien importa
que, después de algunos días,
se fueron haciendo cargo
que la oración ya era corta
y el diálogo era ya largo.

IV

Saliendo del cementerio,
mas ya sin ningún misterio,
se miraron otro día,
diciendo, ¡quién lo creería! :
—¡Es buen mozo! —¡Pues es bella!
—¡Pero aquél!... —¡Ay! ¡Pero aquélla!...
Y ella de amor suspirando,
y Luis aun de amores loco,
ya no corren, van marchando,
pero marchan poco a poco.

V

Así el buen mozo y la bella,
al promediar la semana,
¡oh fidelidad humana!
—¡Se parece a Juan! —dice ella ;
y él dice: —¡Parécese a Juana!
(¡Pobres Juana y Juan!) Dicho esto,
uno con otro se junta,
haciéndolo él, por supuesto,
en honor de la difunta,

y ella admitiéndolo al lado
con temor aun no fingido,
pues si el vivo era ya amado,
aun el muerto era querido.

VI

Mas era tal la insistencia
de su enamorada mente
en dar a su amor presente
de su muerto amor la esencia,
que su alma, siempre indecisa,
piensa que mira realmente
en Luis, de Juan la presencia;
la sombra de Juana, en Luisa.
Y es que nuestro sentimiento,
por arte de encantamiento,
haciendo cuerpo la idea
y lo ya muerto existente,
transfigura eternamente
lo que ama en lo que desea.

VII

En conclusión: cuando se aman
con un amor verdadero,
así mutuamente exclaman:
—¡Como a él y por él te quiero!
—¡Te amo como a ella y por ella!—
Así el buen mozo y la bella,
fingiendo vivo lo muerto
y haciendo falso lo cierto,
que eran los muertos creían,
creyendo lo que querían.
Y desde entonces el duelo
trocando todos en risa,
Luisa a Luis y Luis a Luisa,
después de aquella semana,
se prestan mutuo consuelo,
creyendo que Juan y Juana
harán lo mismo en el cielo.

LAS DOS LINTERNAS

A don Gumersindo Laverde Ruiz

I

De Diógenes compré un día
la linterna a un mercader.
Distan la suya y la mía
cuanto hay de ser a no ser.
  Blanca la mía parece;
la suya parece negra;
la de él todo lo entristece;
la mía todo lo alegra.
  Y es que en el mundo traidor
nada hay verdad ni mentira:
*todo es según el color
del cristal con que se mira.*

II

«Con mi linterna —él dice—
no hallo un hombre entre los seres.»
¡Y yo que hallo con la mía
hombres hasta en las mujeres!
  Él llamó, siempre implacable,
fe y virtud teniendo en poco,
a Alejandro, un miserable,
y al gran Sócrates, un loco.
  Y yo, ¡crédulo!, entretanto,
cuando mi linterna empleo,
miro aquí, y encuentro un *santo*;
miro allá, y un *mártir veo.*
  ¡Sí! Mientras la multitud
sacrifica con paciencia
la dicha por la virtud
y por la fe la existencia,
  para él virtud fue simpleza;
el más puro amor, escoria;
vana ilusión la grandeza,
y una necedad la gloria.

¡Diógenes! Mientras tu celo
sólo encuentra, sin fortuna,
en Esparta algún *chicuelo*
y hombres en parte ninguna,
    yo te juro por mi nombre
que, con sufrir el nacer,
es un héroe cualquier hombre
y un ángel toda mujer.

III

    Como al revés contemplamos
yo y él las obras de Dios,
Diógenes o yo engañamos.
¿Cuál mentirá de los dos?
¿Quién es en pintar más fiel
las obras que Dios crió?
El cinismo dirá que él;
la virtud dirá que yo.
    Y es que en el mundo traidor
nada hay verdad ni mentira:
*todo es según el color
del cristal con que se mira.*

LA METEMPSICOSIS

I

    Hallé una historia, lector,
en un viejo pergamino,
donde prueba un sabio autor
¡ay! que el variar de destino
sólo es variar de dolor.

II

FLOR

    Flor primero, abandonada
entre unas hierbas broté,
envidiosa y no envidiada;
sin ver sol me marchité,
llorando y sin ser llorada.

BRUTO

A bravo alazán subí,
y de victoria en victoria,
tras mil riesgos, conseguí
para mi dueño la gloria
y la muerte para mí.

PÁJARO

Ave después, hasta el llanto
Dios me condenó a expresar
con las dulzuras del canto:
canté, sí, mas canté tanto
que al fin me mató el cantar.

MUJER

Mujer, y hermosa, nací;
amante, no tuve fe;
esposa, burlada fui;
lo que me amó aborrecí,
y me burló lo que amé.

SABIO

Hombre al fin, ciencia y verdad
buscando en lid malograda,
fue, desde mi tierna edad,
mi objeto la inmensidad
y mi término la nada.

DICTADOR

En mí, cuando César fui,
su honor la gloria fundó,
Siempre *vine, vi* y *vencí*;
adopté un hijo, ¡ay de mí!;
creció, le amé y me mató.

HOMBRE

La escala transmigradora
de mis cien formas y modos

vuelvo ya a bajar, y ahora
un hombre soy que, cual todos,
vive, espera, sufre y llora.

III

Después de saber, lector,
la historia del pergamino,
¿qué importa ser hombre o flor,
¡ay!, si el variar de destino
sólo es variar de dolor?

LOS RELOJES DEL REY CARLOS

Carlos Quinto, el esforzado,
se encuentra asaz divertido,
de cien relojes rodeado,
cuando va, en Yuste olvidado,
hacia el reino del olvido.

Los ve delante y detrás
con ojos de encanto llenos,
y los hace ir a compás,
ni minuto más ni menos,
ni instante menos ni más.

Si un reloj se adelantaba
el imperial relojero
con avidez lo paraba,
y al retrasarlo exclamaba:
—Más despacio, ¡majadero!

Si otro se atrasa un instante,
va, lo coge, lo revisa,
y aligerando el volante,
grita: —¡Adelante, adelante,
majadero, más aprisa!

Y entrando un día —¿Qué tal?
—le preguntó el confesor—.
Y el relojero imperial
dijo: —Yo ando bien, señor;
pero mis relojes, mal.

—Recibid mi parabién
—siguió el noble confidente—;
mas yo creo que también,

si ellos andan malamente,
vos, señor, no andáis muy bien.

   ¿No fuera una ocupación
más digna unir con paciencia
otros relojes, que son:
el primero el corazón,
y el segundo la conciencia?

   Dudó el rey cortos momentos,
mas pudo al fin responder:
—¡Sí! Más o menos sangrientos,
sólo son remordimientos
todas mis dichas de ayer.

   Yo, que agoto la paciencia
en tan necia ocupación,
nunca pensé en mi existencia
en poner el corazón
de acuerdo con la conciencia.

   Y cuando esto profería,
con su tictac lastimero,
cada reloj que allí había
parece que le decía:
—¡Majadero! ¡Majadero!...

   —¡Necio! —prosiguió—; al deber
debí unir mi sentimiento,
después, sino antes, de ver
que es una carga el poder,
la gloria, un remordimiento.

   Y los relojes sin duelo
tirando de diez en diez,
tuvo por fin el consuelo
de ponerlos contra el suelo
de acuerdo una sola vez.

   Y añadió: —Tenéis razón;
empleando mi paciencia
en más santa ocupación,
desde hoy pondré el corazón
de acuerdo con la conciencia.

LOS DOS MIEDOS

I

Al comenzar la noche de aquel día,
    ella, lejos de mí,
—¿Por qué te acercas tanto? —me decía—.
    ¡Tengo miedo de ti!

II

Y, después que la noche hubo pasado,
    dijo, cerca de mí:
—¿Por qué te alejas tanto de mi lado?
    ¡Tengo miedo sin ti!

LA VUELTA AL HOGAR

I

Después de un viaje por mar,
volviendo hacia su alquería,
oye Juan con alegría
las campanas del lugar.

II

Llega y maldice lo incierto
de las venturas humanas,
al saber que las campanas
tocan por su padre a muerto.

HASTÍO

Sin el amor que encanta,
la soledad de un ermitaño espanta.
¡Pero es más espantosa todavía
la soledad de dos en compañía!

MAL DE MUCHAS

«Qué mal, doctor, le arrebató la vida?»,
Rosaura preguntó con desconsuelo.
«Murió —dijo el doctor— de una caída.»
«Pues ¿de dónde cayó?» «Cayó del cielo.»

BODAS CELESTES

Te vi una sola vez, sólo un momento;
mas lo que hace la brisa con las palmas
lo hace en nosotros dos el pensamiento;
y así son, aunque ausentes, nuestras almas
dos palmeras casadas por el viento.

LAS DOS ESPOSAS

Sor Luz, viendo a Rosaura cierto día
          casándose con Blas,
«¡Oh, qué esposo tan bello! —se decía—;
          ¡pero el mío lo es más!»
Luego, en la esposa del mortal miraba
          la risa del amor,
y, sin poderlo remediar, ¡lloraba
          la esposa del Señor!

MEMORIAS DE UN SACRISTÁN

I

Dos de abril. — Un bautizo. — ¡Hermoso día!
El nacido es mujer; sea en buena hora.
Le pusieron por nombre Rosalía.
La niña es, cual su madre, encantadora.
Ya el agua del Jordán su sien rocía;
todos se ríen, y la niña llora.
Cruza un hombre embozado el presbiterio;
mira, gime y se aleja: aquí hay misterio.

II

A unirse vienen dos, de amor perdidos.
El novio es muy galán, la novia es bella.
¿Serán en alma como en cuerpo unidos?
Testigos: primas de él y primos de ella.
En nombre del Señor son bendecidos.
Unce el yugo al doncel y a la doncella.
Dejan el templo, y, al salir, se arrima
un primo a la mujer, y él a una prima.

III

¡Un entierro! ¡Dichosa criatura!
¿Fue muerto o se murió? ¡Todo es incierto!
Solos estamos sacristán y cura.
¡Cuán pocos cortesanos tiene un muerto!
Nacer para morir es gran locura.
Suenan las diez. La iglesia es un desierto.
Dejo al muerto esta luz y echo la llave.
Nacer, amar, morir: después... ¡quién sabe!

EL OJO DE LA LLAVE

> No te ocupes de cosas ajenas ni
> te entremetas en las cosas de los
> mayores.
>
> (KEMPIS, lib. XI, I.)

I. A LOS QUINCE AÑOS

Dos hablan dentro muy quedo;
Rosa, que a espiar comienza,
oye lo que le da miedo,
ve lo que le da vergüenza.
Pues ¿qué hará, que así la espanta,
su amiga, a quien cree una santa?
No sé qué le da sonrojo,
mas... debe ser algo grave
        por el ojo,
por el ojo de la llave.
    El corazón se le salta
cuando oye hablar, y después

mira..., mira... y casi falta
la tierra bajo sus pies.
¡Ay! Si ya a vuestra inocencia
no desfloró la experiencia,
no miréis por el anteojo
del rayo de luz que cabe
            por el ojo,
por el ojo de la llave.

    Desde que a mirar empieza,
de un volcán la ebullición
sube a encender su cabeza,
va a inflamar su corazón.
Claro, el ser que piensa y siente
siempre, cual ella, en la frente
tendrá del pudor el rojo
cuando de mirar acabe
            por el ojo,
por el ojo de la llave.

    De aquel anteojo a merced
mira más..., y más... y más...
y luego siente esa sed
que no se apaga jamás.
Mas ¿qué ve tras de la puerta
que tanto su sed despierta?
¿Qué? Que, a pesar del cerrojo,
ve de la vida la clave
            por el ojo,
por el ojo de la llave.

    Haciendo al peligro cara,
ve caer su ingenuidad
la barrera que separa
la ilusión de la verdad.
Pero ¿qué ha visto, señor?
Yo sólo diré al lector
que no hallará más que enojo
todo el que la vista clave
            por el ojo,
por el ojo de la llave.

    Siguen sus ojos mirando
que habla un hombre a una mujer,
y van su cuerpo inundando
oleadas de placer.

Su amiga, de gracia llena,
¿no es muy buena? ¡Ah!, ¡sí, muy buena!...
Pero ¿hay alguien cuyo arrojo
de ser mirado se alabe
      por el ojo,
por el ojo de la llave?

II. A LOS TREINTA AÑOS

Mas, quince años después, Rosa ya sabe
      con ciencia harto precoz
que el mirar por el ojo de la llave
      es un crimen atroz.
Una noche de abril, a un hombre espera:
      la humedad y el calor
siempre son en la ardiente primavera
      cómplices del amor.
Húmeda noche tras caliente día...
      Rosa aguarda febril.
¡Cuánta virtud sobre la tierra habría
      si no fuera el abril!
Y como ella ya sabe lo que sabe,
      después que el hombre entró,
de hacia el frente del ojo de la llave
      cual de un espectro huyó.
Y cuando al lado de él, junto a él sentada,
      en mudo frenesí
se hablan ambos de amor sin decir nada,
      Rosa prorrumpe así:
«¿El ojo de la llave está cerrado?
      ¡Ay, hija de mi amor!
Si ella mirase, como yo he mirado...
      Voy a cerrar mejor.»

EL AMOR Y LA FE

Al pie del retrato de Quintana,
en el álbum de la señora condesa
de Antillón.

Jamás cantó la fe ni los placeres,
pero probó su musa soberana
que no son ilusiones los deberes
ni el patriotismo una palabra vana.

Mas, no adorando a Dios ni a las mujeres,
¿cómo amaba y creía el gran Quintana?
Yo, exceptuando el amor, nada deseo.
Si suprimís a Dios, en nada creo.

EL GAITERO DE GIJÓN

A mi sobrina Guillermina Campoamor y Domínguez.

I

Ya se está el baile arreglando.
Y el gaitero, ¿dónde está?
«Está a su madre enterrando,
pero en seguida vendrá.»
«Y ¿vendrá?» «Pues ¿qué ha de hacer?»
vedle con la gaita..., pero
¡cómo traerá el corazón
        el gaitero,
el gaitero de Gijón!

II

¡Pobre! Al pensar en su casa
toda dicha se ha perdido,
un llanto oculto le abrasa,
que es cual plomo derretido.
Mas, como ganan sus manos
el pan para sus hermanos,
en gracia del panadero
toca con resignación
        el gaitero,
el gaitero de Gijón.

III

No vio una madre más bella
la nación del sol poniente...
pero ya una losa de ella
le separa eternamente.
¡Gime y toca! ¡Horror sublime!
Mas, cuando entre dientes gime,

no bala como un cordero,
pues ruge como un león
el gaitero,
el gaitero de Gijón.

IV

La niña más bailadora,
«¡Aprisa! —le dice— ¡aprisa!»
Y el gaitero sopla y llora,
poniendo cara de risa.
Y al mirar que de esta suerte
llora a un tiempo y los divierte,
¡silban, como Zoilo a Homero,
algunos sin compasión,
al gaitero,
al gaitero de Gijón!

V

Dice el triste en su agonía,
entre soplar y soplar:
«¡Madre mía, madre mía!
¡Cómo alivia el suspirar!»
Y es que en sus entrañas zumba
la voz que apagó la tumba;
¡voz que, pese al mundo entero,
siempre la oirá el corazón
del gaitero,
del gaitero de Gijón!

VI

Decid, lectoras, conmigo:
¡Cuánto gaitero hay así!
¿Preguntáis por quién lo digo?
Por vos lo digo y por mí.
¿No veis que al hacer, lectoras,
doloras y más doloras,
mientras yo de pena muero
vos las recitáis, al son
del gaitero,
del gaitero de Gijón?...

CUESTIÓN DE FE

Ya el amor los hastía
y hablan de astronomía;
y en tanto que él, impío,
llama al cielo *el vacío*,
¡ella, con santo celo,
llama al vacío *el cielo!*

VERDAD DE LAS TRADICIONES

I

Vi una cruz en despoblado
un día que al campo fui,
y un hombre me dijo: —Allí
mató a un ladrón un soldado.

II

Y... ¡oh pérfida tradición!...
cuando del campo volví,
otro hombre me dijo: —Allí
mató a un soldado un ladrón.

EL AMOR Y EL INTERÉS

Sentía envidia y pesar
una niña que veía
que su abuela se ponía
en la garganta un collar.
«¡Necia! —la abuela exclamó—,
¿por qué me envidias así?
Este collar irá a ti
después que me muera yo!»
Mas la niña, que aún no vela
con la ficción la codicia,
le pregunta sin malicia:
«Y ¿morirás pronto, abuela?»

UNA CITA EN EL CIELO

«En la noche del día de mi santo
   —a Londres me escribiste—
mira la estrella que miramos tanto
   la noche en que partiste.»
   Pasó la noche de aquel día, y luego
   me escribiste exaltada:
«Uní en la estrella a tu mirar de fuego
   mi amorosa mirada.»
   Mas todo fue ilusión; la noche aquella,
   con harta pena mía,
no pude ver nuestra querida estrella...
   porque en Londres llovía.

ROSAS Y FRESAS

I

Porque lleno de amor te mandé un día
una rosa entre fresas, Juana mía,
tu boca, con que a todos embelesas,
besó la rosa sin comer las fresas.

II

Al mes de tu pasión, una mañana
te envié otra rosa entre las fresas, Juana;
mas tu boca, con ansia, y no amorosa,
comió las fresas sin besar la rosa.

EL BUEN EJEMPLO

Dejó un proyectil perdido,
de una batalla al final,
junto a un asistente herido,
medio muerto a un general.
   Mientras grita maldiciente
el general: «¡Voto a bríos!»,
resignado el asistente
murmuraba: «¡Creo en Dios!»

Callan, volviendo a entablar
este diálogo al morir:
«¿Tú, qué haces Blas?» «¿Yo? Rezar.
¿Y vos, señor?» «¡Maldecir!
   ¿Quién te enseñó a orar?» «Mi madre.»
«¡La mujer todo es piedad!»
«¿Y a vos a jurar?» «Mi padre.»
«Claro, siendo hombre...» «Es verdad.»
   «Rezar, señor, como yo.»
«Eso es tarde para mí.
Yo no creo... porque no.
Tú ¿por qué crees?» «Porque sí.»
   «Ya hay buitres en derredor
que nos quieren devorar.»
«¡Son los ángeles, señor,
que nos vienen a salvar!»
   Y ambos decían verdad,
pues a menudo se ve
que halla buitres la impiedad
donde halla ángeles la fe.
   «¡Adiós, señor!» «¿Dónde vas?»
«Voy allí...» «¿Dónde es allí?»
«A la gloria...» «¿Y dejas, Blas,
a tu general aquí?
   No me dejes, mal amigo.»
«Pues venga esa mano...» «Ten;
y, aunque dudé, iré contigo,
creyendo en tu Dios también.»
   Y así, cuando ya tenían
una misma fe los dos,
abrazados repetían
el «¡Creo en Dios! ¡Creo en Dios!»
   Y, como era ya un creyente,
pasó lo que es natural;
que, abrazado a su asistente,
subió al cielo el general.

LA INSURRECCIÓN DEL AGUA

Una fuente de un valle en Santa Elena
ve correr Napoleón

cierto día de invierno en que la pena
le atrofia el corazón.
«Como yo —murmuró—, que impenitente
caeré en el ataúd,
aspirando a ser mar vive esta fuente
en perpetua inquietud.»
Y una pobre aguadora que le oía,
contestó a Napoleón:
«El agua, con su eterna rebeldía,
huye de la opresión.
¿Cómo, señor, el agua de las fuentes
tranquila podrá estar,
si la arrastran, en tierra, las pendientes,
los vientos en el mar?»
Sintiendo un frío que le llega al alma,
dice el héroe: «Es verdad ;
buscando el agua en su nivel la calma
busca la libertad.
La insurrección del agua de esta fuente
no se podrá calmar
hasta que halle cabida suficiente
en la extensión del mar.
Con los diques que alzó mi tiranía
he faltado al deber,
y trajo, en vez del orden, la anarquía
mi omnímodo poder.
¡Sí!, ¡sí! Pese a mi nombre, no es la historia
una vieja locuaz,
cuando dice que el mundo, antes que gloria,
pide a los dioses paz.»
Y terminó diciendo: «En el planeta
la loca humanidad,
como esa agua que corre, estará quieta
cuando esté en libertad.»
¡Y al pensar que ha llevado el desconcierto
al mundo en su poder,
con la cara más lívida que un muerto
mira el agua correr!

LA FE DE LAS MUJERES

Cierto monte por su altura
no deja ver el mar
desde la casa del cura
         de un lugar.
Para ampliar el horizonte,
con un cuento baladí
transportó el cura aquel monte.
         ¿Cómo? Así:
«A las que una piedra, dijo,
lleven de aquel monte, Dios
les dará, a algunas, un hijo,
         y, a otras, dos.»
Hubo mujer diligente
que se llevó de una vez,
no una piedra solamente,
         sino diez.
Con fe, rubias y morenas
fueron al monte a buscar
más hijos-piedras que arenas
         tiene el mar.
Despojando grano a grano
las niñas el monte aquel,
lo pusieron como el llano
         a un nivel.
Perdió así el monte su altura,
y al fin vino a resultar
que desde casa del cura
         se vio el mar.
¡Como cree con las entrañas
toda mujer, cuando cree,
transporta hasta las montañas
         con la fe!

LA COPA DEL REY DE THULÉ

«¿Me quieres?», le preguntó
un galán a su doncella.
Él era muy pobre, y ella
le contestó airada: «¡No!»

Quedó él lleno de pesar
sobre una roca sentado,
y al verse tan despreciado
se echó de cabeza al mar.

Llegó al fondo y, al morir,
tentando un cáliz, lo asió,
pensó en Dios..., nadó..., subió
y dijo: «¡Quiero vivir!»

Cuando hizo a la orilla pie,
vio el cáliz de oro, en que había
un letrero que decía:
Copa del rey de Thulé.

Sobre la roca después
se hablaron él y ella así:
«Soy rico, ¿me quieres?» «Sí.»
«Dame un beso...» «Y dos y tres...»

Mas cuando le fue a besar,
viendo él la codicia de ella,
rechazando a la doncella,
la echó de cabeza al mar.

LA SANTA REALIDAD

¡Inés!, tú no comprendes todavía
        el ser de muchas cosas.
¿Cómo quieres tener en tu alquería,
si matas los gusanos, mariposas?
Cultivando lechugas Diocleciano,
        ya decía en Salerno
que no halla mariposas en verano
el que mata gusanos en invierno.
¿Por qué hacer a lo real tan cruda guerra
        cuando dan sin medida
almas al cielo y flores a la tierra
las santas impurezas de la vida?
Mientras ven con desprecio tus miradas
        las larvas de un pantano,
el que es sabio, sus perlas más preciadas
pesca en el mar del lodazal humano.
Tu amor a lo ideal jamás tolera
        los insectos, por viles.

¡Qué error! ¡Sería estéril, si no fuera
el mundo un hervidero de reptiles!
　　El despreciar lo real por lo soñado
　　　　　es una gran quimera ;
en toda evolución de lo creado
la materia al bajar sube a su esfera.
　　Por gracia de las leyes naturales
　　　　　se elevan hasta el cielo
cuando logran tener los ideales
la dicha de arrastrarse por el suelo.
　　Tú dejarás las larvas en sus nidos
　　　　　cuando llegue ese día
en que venga a abrasarte los sentidos
el demonio del sol del mediodía.
　　Vale poco lo real, pero no creas
　　　　　que vale más tampoco
el hombre que, aferrado a las ideas,
estudia para sabio y llega a loco.
　　Tú adorarás lo real cuando, instruida
　　　　　en el ser de las cosas,
acabes por saber que en esta vida
no puede haber, sin larvas, mariposas.
　　¡Piensa que Dios con su divina mano
　　　　　bendijo lo sensible
el día que, encarnándose en lo humano,
lo visible amasó con lo invisible!

LA CRUZADA DE PACHÍN

　　　Como cruzado, a Judea
　　fue de escudero Pachín
　　con el abad de la aldea
　　　　　de Serín.
　　　Para hacer un relicario
　　juró traer a su amor
　　un pedazo del sudario
　　　　del Señor.
　　　Pero Pachín ¿no sabría
　　que, si Dios bajó a morir,
　　volvió al cielo al tercer día
　　　　a subir?

Y si la tumba sagrada
no encerró a Cristo jamás,
¿qué halló en ella? ¡Polvo y nada,
nada más!
«Por un sepulcro vacío
—Pachín se atrevió a decir—
¡cuánto hombre viene, Dios mío,
a morir!»
Y sin lograr los tesoros
que, al ir, pensaba traer,
le vapulearon los moros
al volver.
Perdió la fe en tal jornada...
y se condenó por fin.
Así acabó la cruzada
de Pachín.

EL ORIGEN DEL MAL

I

Sabrá todo el que estudia esta dolora,
si ya no lo sabía,
que el diablo antiguamente, como ahora,
era un bribón de la mayor cuantía.
Y sabrá con escándalo la gente
con qué vil artificio
pudo el diablo probar que es solamente
prolongación de la virtud el vicio.

II

Le dijo Dios a un ángel cierto día
en viejo castellano:
«Bajarás al Edén de parte mía
a animar con mi aliento el barro humano.»
Y bajó. Y las virtudes cardinales
trajo de la alta esfera,
para nervios de Adán, por ser iguales
a un haz de filamentos de palmera.

III

Una tarde que el ángel contra un pino
se durmió dulcemente,
el demonio llegó por un camino
que es cauce en julio y en abril torrente.
    Y como es un traidor, diestro en su oficio,
probó el diablo con maña
que va entrando en la virtud el vicio
como se halla el castaño en la castaña.
    Y estirando, a medida de su gusto,
las fibras vegetales,
pasó de un justo medio a un cabo injusto
a todas las virtudes cardinales.
    Y resultó pecado la belleza ;
el poder, tiranía ;
un horror a la especie, la pureza ;
y el grande amor a Dios, idolatría.
    La esperanza, extendida, hace que el hombre,
aspirando a la gloria,
se lance a la ambición, porque le nombre
sol de primera magnitud la historia.
    Y ayer perseguidor y hoy perseguido
con el fuego y el hierro,
va el hombre con su gloria haciendo un ruido
como el que hace la res con el cencerro.
    Y hasta es la caridad una estulticia,
y no existe conciencia,
si la ley que hace Dios con gran justicia
la aplica la bondad con gran clemencia.
    Y ¿qué es la fe agrandada? Un buen deseo
llevado al desvarío ;
hay creyente, más tonto que un ateo,
que es, más bien que un fanático, un impío.
    Y lo justo, Señor, ¿qué es de lo justo,
si con mayor pericia,
después del juez, con fallo más augusto,
la equidad ajusticia a la justicia?

IV

Ya veis que mató el diablo en lo futuro
        lo bueno y verdadero,
como el que sorbe un huevo está seguro
que se come un presunto gallinero.

V

Duerme el ángel, y el diablo, que celebra
        su dejadez tranquila,
huye escurriendo el cuerpo de culebra,
reptil en tierra y en el agua anguila.

VI

Tocando el polvo, un hálito del cielo
        pasó como un conjuro,
y Adán y Eva después surgen del suelo
vestidos con sus trajes de aire puro.
  Sin linde el vicio y la virtud, absortos
        ven con hondas miradas,
que, siendo las virtudes vicios cortos,
los vicios son virtudes alargadas.

VII

Después que de Adán y Eva recibieron
        esta herencia tan triste,
por el mundo sus hijos se esparcieron
buscando una ventura que no existe.
  Y unas veces gimiendo, otras llorando,
        las pobres criaturas
en cenizas de muertos van cavando
para otros nuevos muertos sepulturas.
  ¡Paciencia, hijos de Adán! Ya un gran cristiano
        en vuestro honor decía
que, al marchar por el mundo el ser humano,
si el demonio le mueve, Dios le guía!

EL VACÍO DEL ALMA

I

Aunque, buscando impresiones,
cruza la tierra y el mar,
nunca se llena el vacío
del alma de Soledad.
De la vida que maldice
sintiendo el terrible afán,
joven, rica, sana y bella,
desolada viene y va
desde la ciudad al campo,
desde el campo a la ciudad,
y nunca aquel gran vacío
llegan a terraplenar
ni la historia ni la ciencia,
ni lo real ni lo ideal,
por más que con el estudio
le llegaron a prestar
la religión sus misterios,
el tiempo su eternidad.

II

Y al fin a la niña ilusa
la hubiera muerto el pesar,
si no fuera porque un día,
por obra providencial,
llenó el inmenso vacío
del alma de Soledad
el perfume de una rosa
que le regaló un galán.

EL CANDIL DE CARLOS V

En Yuste, en la pobre cama
de una pobre habitación
alumbrada por la llama
de un candil, medio velón,

soñando está Carlos Quinto
que en un duelo personal
vea a sus pies, en sangre tinto,
al rey francés, su rival.

　　Se incorporó de ira loco;
mas pasó un viento sutil
que movió la luz un poco
del velón, medio candil,
y, tosiendo, con cuidado
se arropó el emperador,
por si aquel aire colado
puede más que su valor;

　　y «¿Por qué el cielo consiente
—dice el héroe ya febril—
que mate a todo un valiente
lo que no apaga un candil?»

EL CIELO DE LEOPARDI

　　¡Genio infeliz! En su postrer momento
a su amiga la muerte le decía:
«Dame la nada, esa región vacía
en que no hay ni placer ni sufrimiento.
Donde se halla la vida está el tormento.»
Dame paz en la nada —repetía—,
y mata con el cuerpo el alma mía,
esta amarga raíz del pensamiento.»
　　Al oírle implorar de esta manera,
consolando al filósofo afligido,
la muerte le responde: «Espera, espera,
que, en pago de lo bien que me has querido,
mañana te daré la muerte entera
y volverás al ser del que no ha sido.»

CONTRADICCIONES

I

　　Se halla con su amante Rosa
a solas en un jardín,
y ya su empresa amorosa
iba tocando a su fin,

cuando ella, entre la arboleda,
trasluce el grupo encantado
en que, en cisne transformado,
ama Júpiter a Leda;
y encendida de rubor,
viendo el grupo repugnante,
se alza, rechaza al amante,
y exclama huyendo: ¡Qué horror!»

II

Corrida del mal ejemplo,
entra a rezar en un templo;
mas al ver Rosa el ardor
con que, en el altar mayor,
una Virgen de Murillo
besa a un niño encantador,
volvió en su pecho sencillo
la llama a arder del amor.

III

¿Será una ley natural,
como afirma no sé quien,
que por contraste fatal
lleva un mal ejemplo al bien
y un ejemplo bueno al mal?

LA POESÍA

I

Del mundo en las edades misteriosas,
el que todo lo crea
dio el alma con la música a las cosas
y al espíritu cuerpo con la *idea*.

II

Conquistando después la Poesía
de las artes la palma,
se hizo, uniendo la *idea* y la *armonía,*
alma del cuerpo y cuerpo de nuestra alma.

BAUTISMOS QUE NO BAUTIZAN

I

Cierto cura en Torrevieja
bautizó a una niña un día
con el agua que cabía
en una concha de almeja.
La poca agua bautismal
obró en la niña de modo
que no le borró del todo
el pecado original.
La dejó mal bautizada
el cura, porque sabía
que así la niña sería
una furia en forma de hada;
furia de instinto tan fiero,
que mató a muchos de amor.
Atrae al hombre el dolor
como el imán al acero.
Y aunque hizo a tantos penar,
fue ella amada hasta morir;
que el saber hacer sufrir
es saber hacerse amar.

II

Pensando en esta conseja,
mil veces me he preguntado
si a ti te habrá bautizado
el cura de Torrevieja.

JUSTOS POR PECADORES

Tronaba tanto aquel día,
que, viendo al cielo irritado,
«Castiga sólo al culpado»,
una devota decía.
Mas cuando al cielo pedía
contra el culpado rigor,

perdonando al pecador,
cayó en un árbol del huerto
un rayo, que dejó muerto
en su nido a un ruiseñor.

LA COPA ETERNA

De las penas de muerte que ejecuta
        nuestro destino impío,
en Sócrates se llama la *cicuta,*
en Cristo *hiel* y en los demás *hastío.*

CEGUEDADES DE LA FE

Hoy recuerdo con espanto
que, de niño, recé un día
ante un busto que creía
que era la imagen de un santo.
    Mas supe, cuando llegué
a la edad de la razón,
que el santo ante el cual recé
era un busto de Nerón.

LO QUE HACEN PENSAR LAS CUNAS

Después que sobre la losa
recé con amor ardiente
por la que, por fin dichosa,
descansa perpetuamente,
    pude a la salida ver
que a una niña, con encanto,
daba besos la mujer
del guardián del camposanto.
    Y estremecido al mirar
a la pobre criatura,
a quien faltaba apurar
el cáliz de la amargura,
    en medio de mi tristeza
«casi es más triste —pensaba—
mirar la vida que empieza,
que ver la vida que acaba.»

Por eso, al atravesar
esta vida de dolor,
si los sepulcros pesar,
las cunas me dan horror.

POR SI ACASO

«El día de la Justicia,
hasta los mismos objetos
revelarán los secretos
que hoy esconde la malicia.»
Al oír esta noticia
del párroco de un lugar,
por si podrían contar
los secretos que alumbraron,
todas las niñas echaron
sus lamparillas al mar.

LA VOZ DE LA CONCIENCIA

Amó a Andrés la bella Inés
con tan ciega idolatría,
que hasta a un loro que tenía
le enseñó a llamar a *Andrés*.
Pasó el tiempo y se olvidó
de su Andrés, Inés la bella,
y un Teodoro, infiel como ella,
a celos la asesinó.
Y cuando, al morir, Inés
llamó gimiendo a Teodoro,
más constante que ella, el loro
repetía: «*¡Andrés! ¡Andrés!*»

EL AMOR NO PERDONA

Murió Julia, maldecida
por un hombre a quien vendió,
y en el punto en que dejó
el presidio de la vida,

la dijo Dios: «¡Inconstante!
ve al Purgatorio a sufrir,
y reza hasta conseguir
que te perdone tu amante.»

«¡Oh cuán grande es mi alegría
—dijo ella— en sufrir por él!
Quien no perdona a una infiel
es que la ama todavía!»

Y al Purgatorio bajó
contenta, aunque condenada,
pensando que aún era amada
del hombre a quien ofendió.

Y cuando, al fin, con pesar,
le dio su amante el perdón,
se le oprimió el corazón
hasta romper a llorar.

Y Julia, ya absuelta, es fama
que, llena de desconsuelo,
decía, entrando en el cielo:
«¡Me perdona!... ¡Ya no me ama!...»

EL ARTE DE SER FELIZ

A la señora doña Enriqueta Carrasco.

I

No acierto, Enriqueta hermosa,
cómo has llegado a pensar
que yo te puedo enseñar
el arte de ser dichosa.

¡Ay! Es en vano que acudas
a mi cátedra a aprender.
Mi saber llega a saber
que dudo... hasta de mis dudas.

Sólo al hablar de ilusión
me asalta desde el vacío
una ráfaga del hastío
que hiela mi corazón.

El que duda siempre está
en una angustia suprema
resolviendo este problema:
«¿Si será? ¿Si no será...?»

II

En cambio, el que no cree en nada
lleva, exento de ilusión,
dentro de su corazón
la conciencia emparedada.

Y, a ratos afortunado,
vive en el mundo sin pena,
comiendo la fruta ajena,
con cercado o sin cercado.

Sabe por su buena suerte,
el hombre que es descreído,
que es un bálsamo el olvido
y un gran descanso la muerte.

Por eso, cuando afanada
quieras encontrar reposo,
ten presente que el dichoso
lo cree todo... o no cree nada.

III

Y ya que por tu virtud
eres una gran creyente
que sabe llevar de frente
la alegría y la salud,

imita la fe de aquellas
que, a través de un santo velo,
jamás advierten que el cielo
tiene más nubes que estrellas.

Cree mucho y obra de modo
que, haciendo santo el dolor,
aceptes hasta el amor,
con retóricas y todo.

Con fe o sin fe, tú reniega
de mi incertidumbre odiosa,
y si quieres ser dichosa,
no dudes: afirma o niega.

SAN MIGUEL Y EL DIABLO

I

Depertando en sus vecinas
la más piadosa ternura,
así les decía el cura
de San Miguel de Salinas:

II

«La que a Dios quiera ser fiel,
que ponga con gran cuidado
sus donativos al lado
del busto de San Miguel.
   Pues cuando el diablo, el dinero
mira a su lado caer,
se llega él mismo a creer
tan santo como el primero.
   Jamás olvidéis que Dios
os concede un solo amante,
y que el diablo os da, inconstante,
¡más de un novio... y más de dos!»

III

¡Más de dos!... El día aquel
tan sólo al diablo se honró,
pues ni un céntimo cayó
del lado de San Miguel.
   Y es que, sin duda, hay vecinas
que, en cuestiones de ternura,
creen más al diablo que al cura
de San Miguel de Salinas.

LAS LOCAS POR AMOR

«Te amaré, diosa Venus, si prefieres
que te ame mucho tiempo y con cordura.»
Y respondió la diosa de Citeres:
«Prefiero, como todas las mujeres,
que me amen poco tiempo y con locura.»

LA LEY DE LAS MADRES

Llevada por su ciega idolatría,
subió al Cielo una madre a ver a un hijo,
y no hallándole allí, como creía,
bajó al Infierno, y blasfemando dijo:
—Sufriré al lado de él, y de este modo
cumpliré el principal de mis deberes;
porque el amar a un hijo más que a todo
es la *gran ley de Dios* de las mujeres.

DESPUÉS DEL PRIMER SUEÑO

Se casaron los dos, y al otro día
la esposa, con acento candoroso,
al despertar, le preguntó al esposo:
—¿Me quieres todavía?

RESABIOS DEL VICIO

—Insultáis, bostezando, a quien os ama
—le dice a Luis Catorce cierta dama—;
si daros por esposa el cielo quiso
una infanta inocente,
¿qué os falta en vuestro casto paraíso?
Y el gran rey le responde: —La serpiente.

FELIZ IGNORANCIA

Oyendo a un confesor que aseguraba
que matan al amor los desengaños,
le preguntó una joven de quince años:
—Pero ¿el amor se acaba?

GUERRA DE ALMAS

I

Dama y galán: él la ama
hasta perder con el amor la vida,

y, cuando ya la olvida,
prendada del galán muere la dama.

II

Aprenda el que leyere
la gran verdad que este precepto encierra;
lo mismo que en la guerra,
en el amor el que no mata, muere.

EL PÁJARO MENSAJERO

Un pájaro solté que, alzando el vuelo,
en busca de mi amor entró en el cielo.
En la carta que el pájaro llevaba,
recordando mis íntimas ternuras,
a mi amor le encargaba
que me hablase del cielo y sus venturas.
El pájaro volvió con la respuesta:
pero llegó borrada,
porque entre el hombre y Dios se halla interpuesta
la noche sin estrellas de la nada.

EL PEOR DE LOS MUNDOS

A mi querido sobrino Ramón R. Valdés.

I

Escribe un pensador: «Tengo delante
un cielo sin estrellas o estrellado;
la luna, ya en creciente, ya en menguante,
y un sol que viene o va, limpio o nublado.
El aire es de Poniente o de Levante,
mar azul, campo erial, florido el prado,
siempre igual, sombra o luz, calor o frío,
este mundo exterior me causa hastío.»

II

Y sigue: «No hay un átomo en reposo,
ni en lo moral una verdad probada:

se llama bien al mal, feo a lo hermoso,
fe a la ilusión y dicha a la soñada.
   Aquí lo cierto es falso, allí es dudoso,
por lo cual *sólo sé que no sé nada;*
y, al fin, si el mundo real me hastía tanto,
este mundo interior me causa espanto.»

MI VIDA

   En mi vida infeliz paso las horas,
mientras llega la muerte,
convirtiendo en doloras
las tristes ironías de la suerte.

AMOROSOS

La amo tanto, a mi pesar,
que aunque yo vuelva a nacer,
la he de volver a querer
aunque me vuelva a matar.

Está tu imagen, que admiro,
tan pegada a mi deseo,
que si al espejo me miro,
en vez de verme, te veo.

Perdí media vida mía
por cierto placer fatal
y la otra media daría
por otro placer igual.

Más cerca de mí te siendo
cuando más huyo de ti,
pues tu imagen es en mí
sombra de mi pensamiento.

Sueñe o vele, no hay respiro
para mi ardiente deseo,
pues sueño cuando te miro
y cuando sueño te veo.

Marcho a la luz de la luna
de su sombra tan en pos,
que no hacen más sombra que una,
siendo nuestros cuerpos dos.

Nunca, aunque estés quejumbrosa,
tus quejas puedo escuchar,
pues como eres tan hermosa,
no te oigo, te miro hablar.

Ten paciencia, corazón,
que es mejor, a lo que veo,
deseo sin posesión.
que posesión sin deseo.

Porque en dulce confianza
contigo una vez hablé,
toda la vida pasé
hablando con mi esperanza.

Vuélmelo hoy a decir,
pues, embelesado, ayer
te escuchaba sin oír
y te miraba sin ver.

Tras ti cruzar un bulto
vi por la alfombra;
ciego el puñal sepulto...
y era tu sombra.
¡Cuánto, insensato,
te amo, que hasta de celos
tu sombra mato!

EPIGRAMÁTICOS

Que me vendiste se cuenta,
y añaden, para tu daño,
que te dieron por mi venta
monedas de desengaño.

Que es corto sastre, preveo,
para el hombre la mujer,
pues siempre corta el placer
estrecho para el deseo.

Por que esté más escondido,
de tal modo te lo cuento,
que entre mi boca y tu oído
no quiero que esté ni el viento.

El mismo amor ellas tienen
que la muerte a quien las ama ;
vienen si no se las llama,
si se las llama no vienen.

Sin antifaz te veía,
y una vez con él te vi ;
sin él no te conocía,
mas con él te conocí.

Ni te tengo que pagar,
ni me quedas a deber ;
si yo te enseñé a querer.
tú me enseñaste a olvidar.

Si te ha absuelto el confesor
de aquello del Cabañal,
o tú te confiesas mal,
o él te confiesa peor.

Mira que ya el mundo advierte
que, al mirarnos de pasada,
tú te pones colorada,
yo, pálido cual la muerte.

Cuando pasas por mi lado
sin tenderme una mirada,
¿no te acuerdas de mí nada,
o te acuerdas demasiado?

Yo no soy como aquel santo
que dio media capa a un pobre ;
ten de mi amor todo el manto,
y si te sobra, que sobre.

Es el amor un galán
que ni hambre ni hartura quiere,

pues le mata el mucho pan
y con poco pan se muere.

Testigo de eterno amor,
le di una flor a mi amante;
mi suerte fue que la flor
tan sólo duró un instante.

Quisiera al jardín volver
de tu cariñoso amor
si se pudiera coger
dos veces la misma flor.

De noche, solo y a pie,
voy a tu lado, y me acuesto,
me vuelvo y nadie me ve...
Todo en sueños, por supuesto.

Casi te lo agradecí
cuando el engaño toqué,
pues si loco me acosté,
filósofo amanecí.

Te pintaré en un cantar
la rueda de la existencia:
pecar, hacer penitencia
y luego vuelta a empezar.

Si es fácil una hermosa,
    voy y la dejo;
si es difícil la cosa,
también me alejo.
    Niñas, cuidad
de amar siempre con fácil
    dificultad.

FILOSOFICOMORALES

Fui un día a la ciudad
y me volví al otro día,
pues mi mejor compañía
es la mayor soledad.

Dejándome en paz sufrir
puedes, ventura, pasar,
pues como te has de marchar,
no gozo en verte venir.

Cuando las penas ajenas
mido por las penas mías,
¡quién me diera a mí sus penas
para hacer mis alegrías!

¡Qué divagar infinito
es éste en que el hombre vive,
que siente, piensa y escribe
y luego borra lo escrito!

Mal hizo el que hizo el encargo
de hacer las cosas al gusto;
todo es corto o todo es largo,
y nada nos viene justo.

Si ayer tropecé bastante,
hoy tropiezo mucho más;
antes, mirando adelante;
después, mirando hacia atrás.

EL TREN EXPRESO

POEMA EN TRES CANTOS

> *Al ingeniero de caminos el céle-*
> *bre escritor don José de Echega-*
> *ray, su admirador y amigo.*
>
> EL AUTOR.

CANTO PRIMERO: LA NOCHE

I

Habiéndome robado el albedrío
un amor tan infausto como mío,
ya recobrados la quietud y el seso,
volvía de París en tren expreso;
y cuando estaba ajeno de cuidado,
como un pobre viajero fatigado,
para pasar bien cómodo la noche
muellemente acostado,
al arrancar el tren subió a mi coche,
seguida de una anciana,
una joven hermosa,
alta, rubia, delgada y muy graciosa,
digna de ser morena y sevillana.

II

Luego, a una voz de mando
por algún héroe de las artes dada,
empezó el tren a trepidar, andando
con un trajín de fiera encadenada.

Al dejar la estación, lanzó un gemido
la máquina, que libre se veía,
y corriendo al principio solapada
cual la sierpe que sale de su nido,
ya al claro resplandor de las estrellas,
por los campos, rugiendo, parecía
un león con melena de centellas.

III

Cuando miraba atento
aquel tren que corría como el viento
con sonrisa impreganada de amargura
me preguntó la joven con dulzura:
«¿Sois español?» Y su armonioso acento,
tan armonioso y puro, que aun ahora
el recordarlo sólo me embelesa,
«Soy español —la dije— ; ¿y vos, señora?»
«Yo —dijo— soy francesa.»
«Podéis —la repliqué con arrogancia—
la hermosura alabar de vuestro suelo,
pues creo, como hay Dios, que es vuestra Francia
un país tan hermoso como el cielo.»
«Verdad que es el país de mis amores
el país del ingenio y de la guerra ;
pero en cambio —me dijo— es vuestra tierra
la patria del honor y de las flores:
no os podéis figurar cuánto me extraña
que, al ver sus resplandores,
el sol de vuestra España
no tenga, como el de Asia, adoradores.»
Y después de halagarnos obsequiosos
del patrio amor el puro sentimiento,
entrambos nos quedamos silenciosos
como heridos de un mismo pensamiento.

IV

Camino entre sombras es lo mismo
que dar vueltas por sendas mal seguras

en el fondo sin fondo de un abismo.
Juntando a la verdad mil conjeturas,
veía allá a lo lejos, desde el coche,
agitarse sin fin cosas oscuras,
y en torno, cien especies de negruras
tomadas de cien partes de la noche.
¡Calor de fragua a un lado, al otro frío!...
¡Lamentos de la máquina espantosos
que agregan el terror y el desvarío
a todos estos limbos misteriosos!...
¡Las rocas, que parecen esqueletos!...
¡Las nubes con entrañas abrasadas!...
¡Luces tristes! ¡Tinieblas alumbradas!...
¡El horror que hace grandes los objetos!...
¡Claridad espectral de la neblina!
¡Juegos de llama y humo indescriptibles!...
¡Unos grupos de bruma blanquecina
esparcidos por dedos invisibles!
¡Masas informes..., límites inciertos!...
¡Montes que se hunden! ¡Árboles que crecen!...
¡Horizontes lejanos que parecen
vagas costas del reino de los muertos!
¡Sombra, humareda, confusión y nieblas!...
¡Acá lo turbio..., allá lo indiscernible...,
y entre el humo del tren y las tinieblas,
aquí una cosa negra, allí otra horrible!

V

¡Cosa rara! Entretanto,
al lado de mujer tan seductora
no podía dormir, siendo yo un santo
que duerme, cuando no ama, a cualquier hora.
Mil veces intenté quedar dormido,
mas fue inútil empeño:
admiraba a la joven, y es sabido
que a mí la admiración me quita el sueño.
Yo estaba inquieto, y ella,
sin echar sobre mí mirada alguna,
abrió la ventanilla de su lado
y, como un ser prendado de la luna,

miró al cielo azulado ;
preguntó, por hablar, qué hora sería,
y al ver correr cada fugaz estrella.
«¡Ved un alma que pasa!», me decía.

VI

«¿Vais muy lejos?», con voz conmovida
le pregunté a mi joven compañera.
«Muy lejos —contestó—; voy decidida
a morir a un lugar de la frontera!»
Y se quedó pensando en lo futuro,
su mirada en el aire distraída
cual se mira en la noche un sitio oscuro
donde fue una visión desvanecida.
«¿No os habrá divertido
—la repliqué galante—
la ciudad seductora
en donde todo amante
deja recuerdos y se trae olvido?»
«¿Lo traeréis vos?», me dijo con tristeza.
«Todo en París lo hace olvidar, señora
—le contesté—, la moda y la riqueza.
Yo me vine a París desesperado,
por no ver en Madrid a cierta ingrata.»
«Pues yo vine —exclamó— y hallé casado
a un hombre ingrato a quien amé soltero.»
«Tengo un rencor —le dije— que me mata.»
«Yo una pena —me dijo— que me muero.»
Y al recuerdo infeliz de aquel ingrato,
siendo su mente espejo de mi mente,
quedándose en silencio un grande rato
pasó una larga historia por su frente.

VII

Como el tren no corría, que volaba,
era tan vivo el viento, era tan frío,
que el aire parecía que cortaba:
así el lector no extrañará que, tierno,

cuidase de su bien más que del mío,
pues hacía un gran frío, tan gran frío,
que echó al lobo del bosque aquel invierno.
  Y cuando ella, doliente,
con el cuerpo aterido,
«¡Tengo frío!», me dijo dulcemente
con voz que, más que voz, era un balido,
me acerqué a contemplar su hermosa frente,
y os juro, por el cielo,
que, a aquel reflejo de la luz escaso,
la joven parecía hecha de raso,
de nácar, de jazmín y terciopelo ;
y creyendo invadidos por el hielo
aquellos pies tan lindos,
desdoblando mi manta zamorana,
que tenía más borlas, verde y grana
que todos los cerezos y los guindos
que en Zamora se crían,
cual si fuese una madre cuidadosa,
con la cabeza ya vertiginosa,
la tapé aquellos pies, que bien podrían
ocultarse en el cáliz de una rosa.

VIII

  ¡De la sombra y el fuego al claroscuro
brotaban perspectivas espantosas,
y me hacía el efecto de un conjuro
al ver reverberar en cada muro
de las sombras las danzas misteriosas!...
¡La joven, que acostada traslucía
con su aspecto ideal, su aire sencillo,
y que, más que mujer, me parecía
un ángel de Rafael o de Murillo!
¡Sus manos por las venas serpenteadas
que la fiebre abultaba y encendía,
hermosas manos, que a tener cruzadas
por la oración habitual tendía!...
¡Sus ojos, siempre abiertos, aunque a oscuras,
mirando al mundo de las cosas puras!
¡Su blanca faz de palidez cubierta!

¡Aquel cuerpo a que daban sus posturas
la celestial fijeza de una muerta!...
¡Las fajas tenebrosas
del techo, que irradiaba tristemente
aquella luz de cueva submarina ;
y esa continua sucesión de cosas
que así en el corazón como en la mente
acaban por formar una neblina!...
¡Del tren expreso la infernal balumba!...
¡La claridad de cueva que salía
del techo de aquel coche, que tenía
la forma de la tapa de una tumba!...
¡La visión triste y bella
del sublime concierto
de todo aquel horrible desconcierto,
me hacían traslucir en torno de ella
algo vivo rondando un algo muerto!

IX

De pronto, atronadora,
entre un humo que surcan llamaradas,
despide la feroz locomotora
un torrente de notas aflautadas,
para anunciar, al despertar la aurora,
una estación que en feria convertía
el vulgo con su eterna gritería,
la cual, susurrante y esplendente,
con las luces del gas brillaba enfrente ;
y al llegar, un gemido
lanzando prolongado y lastimero,
el tren en la estación entró seguido
cual si entrase un reptil en su agujero.

CANTO SEGUNDO: EL DÍA

I

Y continuando la infeliz historia,
que aun vaga como un sueño en mi memoria,

veo al fin, a la luz de la alborada,
que el rubio de su pelo brilla
cual la paja de trigo calcinada
por agosto en los campos de Castilla.
Y con semblante cariñoso y serio,
y una expresión del todo religiosa,
como llevando a cabo algún misterio,
después de un «¡Ay, Dios mío!»
me dijo, señalando un cementerio:
«¡Los que duermen allí no tienen frío!»

II

El humo, en ondulante movimiento,
dividiéndose a un lado y a otro lado,
se tiende por el viento
cual la crin de un caballo desbocado.
Ayer era otra fauna, hoy otra flora;
verdura y aridez, calor y frío;
andar tantos kilómetros por hora
causa al alma el mareo del vacío;
pues salvando el abismo, el llano, el monte,
con un ciego correr que al rayo excede,
en loco desvarío
sucede un horizonte a otro horizonte
y una estación a otra estación sucede.

III

Más ciego cada vez por la hermosura
de la mujer aquella,
al fin la hablé con la mayor ternura,
a pesar de mis muchos desengaños;
porque al viajar en tren con una bella
va, aunque un poco al azar y a la ventura,
muy de prisa el amor a los treinta años.
Y «¿adónde vais ahora?»,
pregunté a la viajera.
«Marcho, olvidada por mi amor primero
—me respondió sincera—,

a esperar el olvido un año entero.»
«Pero ¿y después —le pregunté—, señora?»
«Después —me contestó—, ¡lo que Dios quiera!»

IV

Y porque así sus penas distraía,
las mías le conté con alegría
y un cuento amontoné sobre otro cuento,
mientras ella, abstrayéndose, veía
las gradaciones de color que hacía
la luz descomponiéndose en el viento.
Y haciendo yo castillos en el aire,
o, como dicen ellos, en España,
la referí, no sé si con donaire,
cuentos de Homero y de Maricastaña.
En mis cuadros risueños,
pintando mucho amor y mucha pena,
como el que tiene la cabeza llena
de heroínas francesas y de ensueños,
había cada llama
capaz de poner fuego al mundo entero;
y no faltaba nunca un caballero
que, por gustar solícito a su dama,
la sirviese, siendo héroe, de escudero.
Y ya de un nuevo amor en los umbrales,
cual si fuese el aliento nuestro idioma,
más bien que con la voz, con señales,
esta verdad tan grande como un templo
la convertí en axioma:
que para dos que se aman tiernamente,
ella y yo, por ejemplo,
es cosa ya olvidada por sabida
que un árbol, una piedra y una fuente
pueden ser el edén de nuestra vida.

V

Como en amor es credo,
o artículo de fe que yo proclamo,

que en este mundo de pasión y olvido,
o se oye conjugar el verbo *te amo,*
o la vida mejor no importa un bledo ;
aunque entonces, como hombre arrepentido,
el ver a una mujer me daba miedo,
más bien desesperado que atrevido,
«Y ¿un nuevo amor —le pregunté amoroso—
no os haría olvidar viejos amores?»
Mas ella, sin dar tregua a sus dolores,
contestó con acento cariñoso:
«La tierra está cansada de dar flores ;
necesito algún año de reposo.»

VI

Marcha el tren tan seguido, tan seguido,
como aquel que patina por el hielo,
y en confusión extraña,
parecen, confundidos tierra y cielo,
monte la nube, y nube la montaña,
pues cruza de horizonte en horizonte
por la cumbre y el llano,
ya la cresta granítica de un monte,
ya la elástica turba de un pantano ;
ya entrando por el hueco
de algún túnel que horada las montañas,
a cada horrible grito
que lanzando va el tren, responde el eco,
y hace vibrar los muros de granito,
estremeciendo al mundo en sus entrañas ;
y dejando aquí un pozo, allí una sierra,
nubes arriba, movimiento abajo,
en laberinto tal, cuesta trabajo
creer en la existencia de la tierra.

VII

Las cosas que miramos
se vuelven hacia atrás en el instante
que nosotros pasamos ;

y, conforme va el tren hacia adelante,
parece que desandan lo que andamos;
y a sus puestos volviéndose, huyen y huyen
en raudo movimiento
los postes del telégrafo, clavados
en fila a los costados del camino;
y, como gota a gota, fluyen, fluyen,
uno, dos, tres y cuatro, veinte y ciento,
y formando confuso y ceniciento
el humo con la luz un remolino,
no distinguen los ojos deslumbrados
si aquello es sueño, tromba o torbellino.

VIII

¡Oh mil veces bendita
la inmensa fuerza de la mente humana
que así el ramblizo como el monte allana,
y al mundo echando su nivel, lo mismo
los picos de las rocas decapita
que levanta la tierra,
formando un terraplén sobre un abismo
que llena con pedazos de una sierra!
¡Dignas son, vive Dios, estas hazañas,
no conocidas antes,
del poderoso anhelo
de los grandes gigantes
que, en su ambición, para escalar el cielo
un tiempo amontonaron las montañas!

IX

Corría en tanto el tren con tal premura
que el monte abandonó por la ladera,
la colina dejó por la llanura,
y la llanura, en fin, por la ribera;
y al descender a un llano,
sitio infeliz de la estación postrera,
le dije con amor: «¿Sería en vano
que amaros pretendiera?

¿Sería como un niño que quisiera
alcanzar a la luna con la mano?»
Y contestó con lívido semblante:
«No sé lo que seré más adelante,
cuando ya soy vuestra mejor amiga.
Yo me llamo Constancia y soy constante;
¿qué más queréis —me preguntó— que os diga?»
Y, bajando al andén, de angustia llena,
con prudencia fingió que distraía
su inconsolable pena
con la gente que entraba y que salía,
pues la estación del pueblo parecía
la loca dispersión de una colmena.

                          X

    Y con dolor profundo,
mirándome a la faz, desencajada
cual mira a su doctor un moribundo,
siguió: «Yo os juro, cual mujer honrada,
que el hombre que me dio con tanto celo
un poco de valor contra el engaño,
o aquí me encontrará dentro de un año,
o allí...», me dijo, señalando al cielo.
Y enjugando después con el pañuelo
algo de espuma de color de rosa
que asomaba a sus labios amarillos,
el tren (cual la serpiente que, escamosa,
queriendo hacer que marcha, y no marchando,
ni marcha ni reposa)
mueve y remueve, ondeando y más ondeando,
de su cuerpo flexible los anillos;
y al tiempo en que ella y yo, la mano alzando,
volvimos, saludando, la cabeza,
la máquina un incendio vomitando,
grande en su horror y horrible en su belleza,
el tren llevó hacia sí pieza tras pieza,
vibró con furia y lo arrastró silbando.

CANTO TERCERO: EL CREPÚSCULO

I

Cuando un año después, hora por hora,
hacia Francia volvía
echando alegre sobre el cuerpo mío
mi manta de alamares de Zamora,
porque a un tiempo sentía,
como el año anterior, día por día,
mucho amor, mucho viento y mucho frío,
al minuto final del año entero
a la cita acudí cual caballero
que va alumbrado por su buena estrella;
mas al llegar a la estación aquella
que no quiero nombrar, porque no quiero,
una tos de ataúd sonó a mi lado,
que salía del pecho de una anciana
con cara de dolor y negro traje.
Me vio, gimió, lloró, corrió a mi lado,
y echándome un papel por la ventana:
«Tomad —me dijo—, y continuad el viaje».
Y cual si fuese una hechicera vana
que después de un conjuro, en la alta noche
quedase entre la sombra confundida,
la mujer, más que vieja, envejecida,
de mi presencia huyó con ligereza
cual niebla entre la luz desvanecida,
al punto en que, llegando con presteza
echó por la ventana de mi coche
esta carta tan llena de tristeza,
que he leído más veces en mi vida
que cabellos contiene mi cabeza.

II

«Mi carta, que es feliz, pues va a buscaros,
cuenta os dará de la memoria mía.
Aquel fantasma soy que, por gustaros,
juró estar viva a vuestro lado un día.

»Cuando lleve esta carta a vuestro oído
el eco de mi amor y mis dolores,
el cuerpo en que mi espíritu ha vivido
ya durmiendo estará bajo unas flores.

»Por no dar fin a la ventura mía,
la escribo larga... *casi interminable*...
¡Mi agonía es la bárbara agonía
del que quiere evitar lo inevitable!

»Hundiéndose al morir sobre mi frente
el palacio ideal de mi quimera,
de todo mi pasado, solamente
esta pena que os doy borrar quisiera.

»Me rebelo a morir, pero es preciso...
¡El triste vive y el dichoso muere!...
¡Cuando quise morir, Dios no lo quiso;
hoy que quiero vivir, Dios no lo quiere!

»¡Os amo, sí! Dejadme que habladora
me repita esta voz tan repetida;
que las cosas más íntimas ahora
se escapan de mis labios ·con mi vida.

»Hasta furiosa, a mí que ya no existo,
la idea de los celos me importuna;
¡juradme que esos ojos que me han visto
nunca el rostro verán de otra ninguna!

»Y si aquella mujer de aquella historia
vuelve a formar de nuevo vuestro encanto,
aunque os ame, gemid en mi memoria;
¡yo os hubiera también amado tanto!...

»Mas tal vez allá arriba nos veremos,
después de esta existencia pasajera,
cuando los dos, como en el tren, lleguemos
de nuestra vida a la estación postrera.

»¡Ya me siento morir!... El cielo os guarde.
Cuidad, siempre que nazca o muera el día,
de mirar al lucero de la tarde,
esa estrella que siempre ha sido mía.

»Pues yo desde ella os estaré mirando;
y como el bien con la virtud se labra,
para verme, yo haré, rezando,
que Dios de par en par el cielo os abra.

»¡Nunca olvidéis a esta infeliz amante
que os cita, cuando os deja, para el cielo!

¡Si es verdad que me amasteis un instante,
llorad, porque eso sirve de consuelo!...
    »¡Oh Padre de las almas pecadoras!
¡Conceded el perdón al alma mía!
¡Amé mucho, Señor, y muchas horas ;
mas sufrí por más tiempo todavía!
    »¡Adiós, adiós! Como hablo delirando,
no sé decir lo que deciros quiero.
Yo sólo sé de mí que estoy llorando,
que sufro, que os amaba y que me muero.»

III

    Al ver de esta manera
trocado el curso de mi vida entera
en un sueño tan breve,
de pronto se quedó, de negro que era,
mi cabello más blanco que la nieve.
De dolor traspasado
por la más grande herida
que a un corazón jamás ha destrozado
en la inmensa batalla de la vida,
ahogado de tristeza,
a la anciana busqué desesperado ;
mas fue esperanza vana,
pues, lo mismo que un ciego, deslumbrado,
ni pude ver la anciana,
ni respirar del aire la pureza,
por más que abrí cien veces la ventana
decidido a tirarme de cabeza.
Cuando, por fin, sintiéndome agobiado
de mi desdicha al peso
y encerrado en el coche maldecía
como si fuese en el infierno preso,
al año de venir, día por día,
con mi grande inquietud y poco seso,
sin alma y como inútil mercancía,
me volvió hasta París el tren expreso.

LA NOVIA Y EL NIDO

POEMA EN TRES CANTOS

*Al excelentísimo señor don Leo-
poldo Augusto de Cueto, su amigo
y compañero.*

EL AUTOR.

CANTO PRIMERO: EL NIDO

I

Ya el mes de abril a la sazón corría
y con sus tibias y rosadas manos
la primavera hospitalaria abría
sus puertas a los pájaros lejanos.
Era el mes en que, eternas peregrinas,
después que el frío del invierno pasa,
todos los años, al tranquilo techo
del cuarto de Isabel, dos golondrinas
van a anidar como en su propia casa.

II

Isabel, que era un ángel, que pasaba
en leer y rezar horas enteras,
cual si fuese educada en un convento,
al florecer sus quince primaveras
ni una hoja en su noble pensamiento
a su corona virginal faltaba ;
y aunque va a ser esposa
cuando del mal de amor nada recela,
tomando el novio que escogió su abuela,
estaba decidida a ser dichosa ;
y ajena a tentaciones y deseos,
con respecto a casados y casadas
sólo sabe haber visto en los paseos

las vides con los olmos enlazadas;
pues era para ella un casamiento
reducir a verdad un sueño hermoso,
ser más querida, realizar un cuento,
y hacer un viaje al Rin con un esposo.
    Así, en ciega ignorancia,
Isabel, tan sencilla como hermosa,
aun pensando de un hombre en ser la esposa,
continuaba en su amor su santa infancia.

III

    Pasan los días, sin contar las horas
que como sombras huyen,
mirando con afán cómo construyen
su nido aquellas aves charladoras,
que añadiendo canciones a canciones,
entre ansias dulces y amorosos píos,
unen hojas y granzas y vellones
con el gluten y el limo de los ríos;
y, cuanto más curiosa,
mirando hacer el nido, se reía,
entreabierta su boca, parecía
la luz tomando el fresco en una rosa.

IV

«¿Para qué sirve un nido?», con sorpresa
se pregunta Isabel; cuestión oscura
que ocurre a la vaquera y la princesa,
y que una y otra de inquirir no cesa;
pero que en vano resolver procura
la que el tiempo pasó, casi en clausura,
entre el rezo, las pláticas, la mesa,
la música, el paseo y la lectura.
«¿Para qué sirve un nido?» Al ver delante
tan honda oscuridad, se confundía,
y, por más que pensaba, no sabía
cómo ella, que es tan viva y penetrante,
y lee tantos idiomas de corrido,
y sabe tantas cosas de hortelana
no alcanza a comprender lo que es un nido.

V

Viendo el nido y pensando en su himeneo,
lanza ardiente, a los pájaros que vuelan,
las confusas miradas que revelan
ya inocencia, ya miedo, ya deseo ;
pues ya mujer, sin serlo todavía,
ante el hondo misterio de aquel nido,
en sus ojos azules se encendía
poco a poco un fulgor desconocido ;
y una vez que presiente algo de cierto
con singular pudor frunce las cejas,
quedando sus mejillas pudorosas
con mucho más calor y más hermosas
que las guindas que cuelga a sus orejas
cuando, alegre corriendo por el huerto,
coge lirios y caza mariposas.

VI

Como nunca guardada
se ha podido tener ninguna cosa
detrás de unas pupilas transparentes,
mostrando candorosa
en la ráfaga azul de su mirada,
que brilla entre sonrisas inocentes,
esa inquietud profunda y misteriosa
que causan en las vírgenes los nidos,
Isabel, más que inquieta, consternada,
al ver la turbación de sus sentidos,
como un niño que al brillo de una espada
se tapa con terror ojos y oídos,
se juzga una inocente pecadora,
y se santigua, y reza y casi llora,
y entra el aire a raudales en su pecho,
y hallando el sueño, pero no el olvido,
se cayó desplomada sobre el lecho,
preguntando al dormir: «¿Qué será un nido?»

CANTO SEGUNDO: EL AMOR

I

Disipada la noche por la aurora,
la agitada Isabel, desde su lecho,
que un sol de mayo dora,
descorriendo las finas
colgaduras de encaje de Malinas,
busca otra vez el nido y mira al techo,
como accediendo al familiar reclamo
de aquellas habladoras golondrinas
que nunca acaban de decirse «te amo».

II

«¿Para qué sirve un nido?» He aquí el problema.
La novia, al despertar, vuelve a su tema;
pues cuando va una niña a ser esposa,
en prueba de inocencia
es capaz de cortar, por lo curiosa,
una rama del árbol de la ciencia.
¿Para qué habrán servido
los nidos todos que en el mundo han sido?
Saber lo que es un nido es cosa grave,
pues, según Isabel, nadie ha sabido,
y, lo que es más aún, ninguno sabe,
por qué se junta un ave con otra ave,
y juntas con amor hacen un nido.

III

Temblando de pesar y de contento,
cual la rama agitada por el viento,
de nuevo al nido mira;
y, aunque nunca manchó su pensamiento
la pureza del aire que respira,
sin darse cuenta de ello, es aquel nido
demonio tentador que habla a su oído;
y dudando, turbada,
si tiene aún su espíritu dormido,

cual se rompen las nubes en el cielo,
de sus dudas sin fin se rompe el velo ;
pues en trances de amor es cosa cierta
que un nido, un beso, un cuento, una nonada,
en un alma inocente rompe el hielo,
y a un corazón que duerme le despierta.

IV

¡Sagrada oscuridad! Como cruzaban
por su frente las sombras a montones,
viendo el nido, sus ojos titilaban
como el cristal que esparce oscilaciones.
Y dudas van, y pensamientos vienen,
y, haciendo que lo mira distraída
(habilidad que las mujeres tienen
desde el día primero de su vida),
acaba por saber que es aquel nido
edén por el misterio protegido ;
y hallando en él impresos
los signos de una boda concertada
por dos seres dichosos,
con malicia entendida y saboreada,
sintiendo arder la sangre hasta en sus huesos,
ve en las aves del nido dos esposos
y en su canto una música de besos.

V

Porque en saber se empeña
para qué sirve un nido
que así el amor enseña,
¡lanzada en pleno cielo, sueña... y sueña!...
y aguarda a que el misterio incomprensible
le baje a descifrar, compadecido,
algún viajero azul de lo invisible ;
y a una malicia, en risa transformada,
que en su mirada virginal destella,
se queda avergonzada
como sale, al salir de una enramada,
después del primer beso una doncella ;
y a un brillo entre diabólico y divino,
pensando en el misterio del problema,

tanto mira Isabel, que al fin vislumbra,
en yo no sé qué lúgubre penumbra,
que un nido es el misterio del destino,
que es de la vida la expresión suprema ;
y ya, como mujer apasionada,
mirando a su pesar en lo invisible,
se perdió vagamente su mirada
en la luz infinita e indefinible ;
y como, al fin, la juventud ligera
no sabe, al estudiar lo que son nidos,
que hay peligro en jugar con los sentidos
en un día de sol de primavera,
a Isabel, ya febril le parecía
que alguna mano que en la luz flotaba
el velo misterioso descorría
y en derredor la tierra se le andaba ;
era su alma una noche sin aurora ;
nada distinto oía ni veía,
la cabeza se le iba y le zumbaba,
y sentía una sed devoradora ;
y comentando, grave y resignada,
el secreto a sí misma sorprendido,
«Se conoce —pensaba— que es forzoso
dar la mano a un esposo ;
querer y ser querida ;
hacer, como los pájaros, un nido ;
cantar a Dios y bendecir la vida.»

CANTO TERCERO: LA NOVIA

I

   Como el amor primero es tan ardiente
y despierta a las niñas tan temprano,
Isabel se despierta con el día,
y al apartar de su divina frente
un raudal de cabellos con la mano,
que en un vapor de encajes se perdía,
halla su tez de nieve, nunca hollada,
tan fresca como el agua de verano
en el fondo de un pozo serenada.

II

De su lecho de pluma
salió Isabel cual Venus de la espuma;
después, mirando al techo,
vibró su corazón dentro del pecho
al ver la golondrina que cubría
en forma de abanico sus hijuelos,
y al padre, que en el pico les traía
pan de la tierra y besos de los cielos.
Tan grande amor su corazón inflama;
y en sus ojos, con fuego inusitado,
arde una pura y transparente llama
al ver en sus hijuelos desatado
el nudo misterioso de aquel drama.
Espantada, el misterio comprendiendo,
casi vuelve a gemir y casi reza;
y unas veces rezando, otras gimiendo,
entrando de repente en la tristeza,
ya marchitas sus puras alegrías,
la niña acaba y la mujer empieza;
y más cuando la tímida nidada
de aquel nido asomándose a la entrada,
parece que le dice: «¡Buenos días!»,
y más aún cuando a los hijos viendo,
suspirando responde: «¡Ya lo entiendo!»
Y encendiendo su rostro, cual la frente
de una mujer culpable y candorosa,
sobre sus ojos pudorosamente
deja caer sus párpados de rosa.

III

Como el amor es cosa
que, cual voz de eco en eco repetida,
palpita en la crisálida metida
y brilla al convertirse en mariposa,
ve Isabel con encanto
que es un nido la copa misteriosa
donde está la embriaguez desconocida;
y así, pasando de capullo a rosa,
tan turbada se ve y enternecida,

que llora, aunque riendo bajo el llanto,
porque hay seres que ríen cuando lloran
con la risa común de los que ignoran
que en llorar y reír se va la vida.

IV

Y cuando en aquel día,
convirtiendo en historia la novela,
al altar de Himeneo fue llamada
la gracia de la casa de su abuela,
¡ay!, ¡cuál quedó anublada
aquella llama azul de su mirada!
¡Cómo llora y su madre la consuela!
Y ¡cómo, en fin, ya enjutas sus mejillas,
se mira en los espejos a hurtadillas,
y en ellos, viendo de su boda el traje,
se ríe con la risa de la aurora,
y abisma su mirada en resplandores,
mostrando, pensativa y seductora,
sus dientes y sus labios, maridaje
de las perlas casadas con las flores!

V

Ya va y viene Isabel, y baja y sube,
agitándose aérea y diligente
con una vaga ondulación de nube;
y aunque era a su belleza indiferente,
con natural gracejo
hoy aprende delante del espejo
a conocer lo hermoso de su frente;
y ora se juzga amada y ora amante,
y haciendo con su traje ruido de alas,
circula como un duende por delante
de los grandes espejos de las salas;
y, al verse retratada, la doncella
lleva por sí la admiración tan lejos,
que, a fuerza de mirarse en los espejos,
siente ya el goce de saber que es bella.

VI

Al volver de jazmines coronada
como una campesina desposada,
sintiendo accesos de calor y frío,
tiembla el alma en su boca seductora,
como tiembla a los rayos de la aurora
sobre una flor la gota de rocío.

Los ojos, Isabel, desconcertada,
tanto abre para ver, que no ve nada;
la estatua del asombro parecía,
y, no pudiendo respirar apenas,
un no sé qué de eléctrico en sus venas
en generosa transfusión corría.

Aunque casi educada en un convento,
ya sentía en su noble pensamiento
algo más que ilusión y confianza,
ignorancia y candor, fe y esperanza,
pues al mirarse de su alcoba enfrente,
del abismo de amor dulce pendiente,
la sangre que a su rostro se arrebata
la pone del color de la escarlata...

Mas, ¡oh Dios del pudor!, no tengáis miedo
que aquel resumen de la vida toda
con su deliquio y sus misterios cuente...
Yo quisiera contarlo, mas no puedo,
porque sé que a la puerta donde hay boda
«¡Silencio!», dice un ángel; y sonriente
pone después sobre la boca un dedo.

LOS GRANDES PROBLEMAS

POEMA EN TRES CANTOS

*Al ilustre polemista el señor don
Salvador López Guijarro.*

EL AUTOR.

I

El cura del Pilar de la Oradada,
como todo lo da, no tiene nada.
Para él no hay más grandeza
que el amor que se tiene a la pobreza.
Careciendo de pan, con alegría
lleva paz de alquería en alquería ;
y siendo indiferente
a la necia ambición de los honores,
se ocupa de los grandes solamente
cuando llama sus reinas a las flores.
Sin fámulo, y vestido de sotana,
cuida una higuera y toca la campana.
Su alzacuello es de seda desteñida,
pardas las medias de algodón que lleva,
y en todo el magisterio de su vida
sólo ha estrenado una sotana nueva.
Da gracias, cuando reza, a un Dios tan bueno
que cría los rosales y el centeno,
y llama sus orgías a las cenas
en que prueba la miel de las colmenas.
Aunque él está de su pudor seguro,
ve a una mujer, y como pueda, escapa,
dispuesto desde joven, por ser puro,
a hacer el sacrificio de una capa.
Reparte a las chiquillas
las almendras que lleva en los bolsillos,
y les da un golpecito en las mejillas,

más dulce que una almendra, a los chiquillos.
Da a los pobres los higos de su higuera,
que nació, sin plantarla, en dondequiera ;
y si, al vérselos dar uno por uno,
«¿Qué guardas para ti?», le dice alguno,
responde, puesta en Dios su confianza,
como Alejandro el Grande: «¡La esperanza!»
Así, con tanto amor y pudor tanto,
el cura del Pilar de la Oradada
es, según viene la ocasión rodada,
ya eremita, ya cuáquero, ya santo.

II

Está el pueblo fundado sobre un llano
más grande que la palma de la mano,
y a falta de vecinos y vecinas
circulan por las calles las gallinas.
Pueblo al cual, aunque corto, en mujerío
otro ninguno iguala ;
de agua muy buena, si tuviese río,
de agua de pozo, a la verdad muy mala.
Pueblo feliz, que olvida el mundo entero ;
que tiene ante la iglesia una plazuela,
iglesia que es más grande que la escuela,
y escuela que es más chica que un granero.

III

En este pueblo, en fin, y ante este cura,
que no puede beber más que agua pura,
la divina Teodora,
de rodillas postrada ante el anciano,
con un ramo de flores en la mano,
ramo cogido al despuntar la aurora,
mostrando, al sonreírse, nacaradas,
en dos filas iguales,
todas sus perlas justas y cabales
en un coral prendidas y engarzadas,
inventando aquel día,
por no haberlos sufrido todavía,

mucho dolor y muchos desengaños,
antes de hacer su comunión primera
confesándose está, como si fuera
una gran pecadora a los diez años.

IV

Teodora, que es mujer desde la cuna
cual todas las mujeres,
despierta ya, y durmiendo todavía
a la luz misteriosa de una luna
que hace en su alma de sol en mediodía,
mira una inmensa flotación de seres,
sueños de sombra y sombras de unos sueños
opacos una vez y otra risueños.
Gracia infantil y gracia adolescente,
de niña y de mujer confusos lados,
ya ve en el porvenir desde el presente
el mundo real y el ideal mezclados.
Sumida en nieblas de color de rosa,
compuestas de verdad y de otra cosa,
mira, desvanecida,
llegar la realidad confusamente,
y a los diez años, como todas, siente
su inmersión en las brumas de la vida.

V

Mirando al confesor con inocencia,
cual si fuesen sus ojos unas puntas
que hundiesen del anciano en la conciencia,
fue haciéndole la niña unas preguntas,
como ésta, por ejemplo,
capaz de hacer estremecerse al templo:
«Vos ¿sabéis lo que es malo, señor cura?»
«Yo, de todo, hija mía, estoy al cabo»,
responde el sacerdote con premura,
lo cual no era verdad, mas lo creía,
porque el breviario con afán leía
a la luz de un candil colgado a un clavo.

VI

Y del amor ya viendo lontananzas
con sus ojos tan llenos de esperanzas,
con su candor intrépido del todo,
sigue ella preguntando de este modo:
«El dejarse besar, ¿es malo o bueno?»
De confusión y de sorpresa lleno,
se turbó el cura, como el hombre que antes
de haber cazado un pájaro lo vende
y, sin poder cumplir lo prometido,
se queda, al fin, como el lector comprende,
el cazador corrido,
el comprador burlado,
y el pájaro vendido y no cazado.
Echó al cielo una olímpica mirada
buscando la respuesta en las estrellas,
mas como nada le dijeron ellas,
el cura del Pilar no dijo nada.

VII

Con misterio después ella se inclina
hacia el cura, que la oye fascinado,
y prosigue: «Me ha dicho mi madrina
que el que bese a mi primo es un pecado,
y mi primo ha jurado
que él me habrá de besar, pese a quien pese,
pues cree que a mí me gusta que me bese;
mas como oigo decir que se propasa,
escapándome de él, toda la casa
ayer y antes de ayer y todo el año
corrí desde la cueva hasta el granero;
siempre quiere él, señor; yo nunca quiero;
miradme bien, veréis que no os engaño.»
Y abriendo aquellos ojos tan brillantes
para enseñarle el alma a aquel levita,
echa al cura una ojeada inoportuna
aquella virgen, pero virgen de antes

que en la primer visita
el ángel le anunciase cosa alguna,
y le dejó corrido y colocado
del rubor en la cúspide suprema,
de un modo tal, que dijo, colorado:
«¡Primera confesión, primer problema!»

VIII

«Acúsome —la niña proseguía—
que soy inobediente y perezosa.
Acúsome, además, que el otro día,
con tristeza soñé que no era hermosa.
Me gusta más correr que ir a la escuela.
Sólo en la misa me entretiene el canto,
y escucho con más gusto una novela
que el trozo de la vida de algún santo.
Prometo, obedeciendo a mi madrina,
huir, si puedo, de él; pero os prevengo
que, al mirar a mi primo, siempre tengo
la voluntad de parecer divina.»
Al ver salir el cura, atropellados,
con risa de bondad mal reprimida,
tan enormes pecados
de aquellos labios de carmín, untados
con la leche primera de la vida,
dice a la niña, de indulgencia lleno,
con singular ternura:
«No diré que eso es malo, mas no es bueno;
más cordura, hija mía, más cordura.
Bien; adelante: vamos, adelante.»
Y, por no hablar más claro, el pobre cura
jugaba con enigmas al volante;
y, no queriendo darle con prudencia
la más leve lección de adolescencia,
muy peligrosa en almas inocentes,
sólo después de estas ligeras riñas
se atrevió a murmurar, aunque entre dientes:
«¡Son el diablo estos ángeles de niñas!»

IX

Y como todo viejo, y más si es cura,
de todo niño es natural abuelo,
con más amor que religioso celo
le dijo a aquella hermosa criatura:
«Ten calma, estudia y a tu madre imita,
y entraréis sin rodeos en la gloria;
reza una Salve, toma agua bendita
y cómete esta almendra en mi memoria.»
Y después que la niña se confiesa,
la mano al señor cura
en la actitud de un oficiante besa;
se levanta gentil, con la soltura
del ser a quien la vida aún no le pesa;
y ante el altar, con adorable gracia,
entre un corro de gente pecadora
se arrodilló Teodora,
más grave que un alumno en diplomacia.

X

Después supo el obispo de Orihuela,
por cierta confesión de cierta abuela,
de puro religiosa condenada,
que, faltando a los cánones sagrados,
castiga con almendras los pecados
el cura del Pilar de la Oradada.

LA ÉGLOGA

I

Fue creciendo, creciendo,
y pasaron diez años, y Teodora,
cuanto en gracia inocente iba perdiendo,
lo iba ganando en gracia pensadora.
La antigua pecadora,

que veinte años cuenta hoy exactamente,
tiene pupilas de horizontes llenas,
voluptuoso reír en casta frente,
y deja ver su cutis transparente
cómo corre la sangre por sus venas.
Con gusto encantador por lo sencillo,
con flores todo el año en sus cabellos,
arrollándolos bien forma con ellos
detrás de la cabeza un canastillo.

II

«Decidme, mi querido señor cura
—decía confesándose Teodora—,
¿no es una gran locura
que esté tan decidida
a que me case ahora
la pobre madre a quien debí la vida?
¿No es un gran desatino
casar con otro a quien tan sólo piensa
en... ya sabéis, mi primo, aquel marino
que tiene el alma como el mar, inmensa?»
Mientras la escucha atento,
«Es muy común —el cura se decía,
entre burlas y veras—
que todas las muchachas costaneras
dediquen de un marino al pensamiento
veinticuatro horas largas cada día.»

III

«Mi primo... ya sabéis —siguió Teodora—
que vive hoy una vida de pesares
en Londres, un lugar donde está ahora,
más allá de los montes y los mares.
Las playas saben mi constante anhelo,
pues, sin poderlo remediar, suspiro
cuando se nubla el horizonte, y miro
por el lado del mar cerrarse el cielo.
Mi primo es aquel primo que algún día

os confesé que alegre me besaba;
le amé niña, mas yo no lo sabía;
ya mayor, estoy loca, y lo ignoraba.
Como siempre fantástico el deseo
me arrastra a orillas de la mar, yo a solas,
que me habla de él y su venida creo
el monólogo eterno de las olas.
Siempre aguardo del cielo lo imprevisto,
siempre estoy esperando,
y hasta las aves de la mar, pasando,
parece que me dicen: «¡Le hemos visto!»

IV

«Mas sepamos primero
—dijo el cura, prudente y reservado—
de amaros y volver, ¿él os ha dado
su palabra de honor, de caballero?»
«Me juró que me amaba y volvería
—fue diciendo Teodora—
cuando el sol por la tarde se ponía,
y al despuntar la aurora,
y alguna vez también al mediodía;
y alguna, y más que alguna,
por la noche, a los rayos de la luna.
Y, perdonad, decir se me ha olvidado
que en mayo y en abril me lo ha jurado
por todos sus jazmines y azucenas;
por los árboles todos, en estío;
por todos sus cristales, junto al río;
cerca del mar, por todas sus arenas.»

V

Mientras Teodora hablando proseguía,
como era a fuerza de candor profundo,
el cura por lo bajo repetía:
«(¡Cómo trae el amor revuelto al mundo!)»
«Mi madre quiere que a la fuerza quiera
a un hombre muy de bien, sin gracia alguna,

como es el que me espera
para darme su mano y su fortuna.
El verlo nada más me da tristeza ;
él es bueno, es verdad ; si no es hermoso,
tiene favor, honores y riqueza,
talento, juventud y un nombre honroso...
Mas ¡si vierais al otro, señor cura,
con gorra de oro y sable a la cintura!...
¡Cuanto mira, al pasar, de luz se baña!...
Mientras éste de aquí, que va a ser mío,
tiene una gracia sepulcral y extraña ;
dondequiera que entra él siento yo frío.
«Pues, señor, se conoce —piensa el cura—
que en la misma inocencia,
para agotar de un cura la paciencia
transformado en hermosa criatura
coloca Satanás su residencia.»

VI

Y ella siguió: «Vuestro favor imploro ;
prestadme ayuda en tan difícil paso ;
de uno me río ; y por el otro lloro ;
éste me hiela, y por aquél me abraso.
No amo al presente, y al ausente adoro.
¿Qué hago, señor, me caso o no me caso?»
Mirando a un Cristo viejo,
por ver si le inspiraba algún consejo,
el cura se callaba
y del candor en la embriaguez suprema,
al ver que el Cristo nada le inspiraba,
por lo bajo entre dientes murmuraba:
«¡Segunda confesión, otro problema!»
Entre el Cristo, ella y él no hay uno que hable.
El viejo, que era un niño venerable,
no cayó en que Teodora
buscaba, tan sutil como traidora,
en la doblez de sus astutos planes
el apoyo moral del cristianismo:
maniobra de los grandes capitanes
que ponen de su parte el fanatismo.

VII

Luego los dos a un tiempo se preguntan,
y para herirse al corazón se apuntan;
y cruzan de uno al otro, bien dispuestas,
como un choque de espadas las respuestas:
«Me muero, si me caso, os lo confieso.»
«Ilusión nada más de los sentidos.»
«Hay voces que en el aire me hablan de eso.»
«Eso será que os zumban los oídos.»
«Bien, lucharé, pero seré vencida.»
«No volverá, tal vez.»
                    «¿Y si volviera?»
«Ese hombre os ha hechizado; ¡estáis perdida!»
«Así tendrá que ser como él quiera.»
«Tras vana agitación tendréis reposo:
yo rezaré por vos, seréis dichosa:
¡dichoso aquel que os tenga por esposa!»
«Y yo, ¿seré feliz como él dichoso?»
«¿De qué sirve creer en lo increíble?»
«Más sabe el corazón que la cabeza.»
«¿Qué podrá suceder?»
                    «Todo es posible;
¡yo amo con fe y espero con firmeza!»
Al verla discutir tan bien y tanto
siente un temblor de espanto,
cual si tuviese frío,
al comprender el santo
que aquel tipo cabal de las mujeres
era el más bello y... ¿lo diré, Dios mío?
el más inobediente de los seres.

VIII

Teodora, ardiente y viva,
filósofa, sutil y positiva,
que no pasó, cual yo, velada alguna
en cuestiones ociosas
buscando la razón de muchas cosas
que no tienen jamás razón ninguna,
añadió de su plan desesperada,

disparando, al huir, a sangre y fuego,
y haciendo una brillante retirada
mejor que en Asia, Jenofonte el griego:
«Yo soy muy viva y de ventura ansiosa;
y no queriendo a este hombre, os lo prevengo,
como soy tan fantástica, no tengo
la condición de una excelente esposa:
mas lo mandan mis padres, y adelante;
yo quiero a toda costa ser honrada;
mas no sé si, vivaz y enamorada,
podré ser buena esposa y buena amante...»
Hablaba así Teodora, y de repente,
callando unos momentos,
con un silencio diestro y elocuente
una pausa llenó de pensamientos;
reticencia tan vil y calculada
al pobre cura de terror inmuta...
Ante el saber de una mujer astuta
Cicerón y Pascal no saben nada.
Y es que desde Eva, madre de Teodora,
la raza no mejora.
Porque no oye solícito sus quejas,
anuncia, astuta, males sobre males:
yo recuerdo muy bien que eran iguales
las jóvenes de antaño que hoy son viejas,
y así serán y han sido
las que están por nacer o ya han nacido,
lo mismo en todo el orbe que en España;
las madres miserables y opulentas,
las hijas titulares y harapientas,
las abuelas del trono y la cabaña.
    «¡Qué locura, Dios mío, qué locura!
¿No veis que rara vez —le dice el cura—
la vida nos enseña
que esos sueños de vida muy pequeña
los pudo realizar la edad madura?
Moderad el ardor de los sentidos;
¡Teodora, andad despacio
porque siempre nos ven, desconocidos,
dos ojos desde el fondo del espacio!»
Ayudando a llevarla a su destino,
cual se lleva una oveja al matadero,

pensó el cura ponerla en el camino
de lo bueno, lo justo y verdadero;
y después que ella vio desvanecida
la poética imagen de su vida,
puestas en cruz las manos y llorosa,
recibió con la frente prosternada
la bendición del cura arrodillada;
besó su mano en actitud piadosa,
con la fe de una santa resignada,
y se marchó, si no más consolada
menos triste tal vez, y siempre hermosa.

CANTO TERCERO: LA TRAGEDIA

I

Porque triste, muy triste, se moría
llena de desengaños,
el cura del Pilar, en cierto día,
en su postrera confesión oía
a una joven anciana de treinta años.
«¡Ha venido —decía
la vieja que era joven todavía—
aquel hombre a quien amo con locura!
Y debo confesaros en conciencia,
que tengo, desde entonces, señor cura,
necesidad de sueños de inocencia.»
«¿Y es pura todavía vuestra llama?»,
pregunta el cura a la doliente esposa.
«La cama de mi madre es esta cama
—le respondió—; pues por mi madre os juro
que soy materialmente virtuosa;
sólo el alma es culpable, el cuerpo es puro.»

II

«¡Pues valor —dijo el cura,
a fuerza de candor siempre profundo—,
que la mayor tribulación del mundo
la guarda Dios para la edad madura!»

«¡Valor, valor! —la enferma respondía—.
¡Lucharé hasta morir! Mas, ¡cosa extraña!,
resistir a su encanto no podría,
¡yo que siento en mí misma una energía
capaz de levantar una montaña!»
«¡Luchemos, hija mía
—el cura repetía,
de Dios y de su fe siempre seguro—;
no hay grito de dolor que en lo futuro
no tenga al fin por eco una alegría!»
Y luego añade, de la Biblia lleno,
satisfecho de Dios y de sí mismo:
«¡Siempre entre el ángel malo y entre el bueno
hay luchas en el puente del abismo!»

III

En querer consolar las grandes penas
de una mujer tan firme y tan amante,
era aquel pobre confesor un ciego,
sabiendo que corría por sus venas
la sangre de las viñas de Alicante
que crían una savia como el fuego.
El cura no sabía
que el no amar es muy bueno, pero es frío;
y por eso a Teodora le decía,
derramando en sus llagas el rocío
de una piedad sincera:
«Van a cumplir veinte años
que, ajena de pasiones y de engaños,
vuestra sagrada comunión primera
fue por vos de mi mano recibida;
¡sed digna del honor de vuestra historia!
¡Reanimad el valor con la memoria
de los años primeros de la vida!»
«¡Quince años hace escasos
—Teodora murmuró— que el dulce ruido
que levantaron, al marchar, sus pasos
quedó como una música en mi oído!
Y hace veinte —añadió con torvo ceño,
mirando al cielo en ademán de queja—

que es él de mi alma y mis sentidos dueño.
¡Veinte años que pasaron como un sueño!
¡Tenéis razón, no me creí tan vieja!...
Mas no hay medio: o vencer o ser vencida;
o perder la virtud o dar la vida.»
Dice así, y tiembla la infeliz esposa
cuando la causa de su mal confiesa,
como suele temblar la mariposa
que siente el alfiler que la atraviesa;
y el pobre confesor, que no sabía
que si es bueno no amar, es cosa fría,
cual sintiendo en la piel la ardiente huella
de un diablo que abrasándole le toca,
mira a la enferma con pavor, y en ella
halla una especie de perfil de loca.
Y agarrándole bien con la mirada,
«No estoy loca, es que estoy enamorada
—siguió la esposa— y lo que quiero, quiero;
vuestra piedad, no vuestra fe, reclamo;
si le amo, vivo; si no le amo, muero;
respondedme, ¿qué haré? ¿Le amo o no le amo?»
Aguzando el oído,
y azorado de miedo como un gamo
que oye en el bosque de repente un ruido,
el cura, sorprendido,
dice cayendo en postración extrema:
«¡Tercera confesión, tercer problema!...»
Dudando en su fatal desconfianza
qué haría y qué diría,
por no romper el hilo todavía
que enlaza la mujer a la esperanza,
el cura del Pilar, quedando inerte,
sangre, en vez de agua, el desdichado suda;
pues a sí mismo con dolor se advierte
que es, en los actos del deber, la duda
una pregunta vil que hace la muerte.

IV

Ahogando la emoción de su ternura
en un áspero y recio resoplido,

añadió en el umbral de la locura:
«¡O viva en el del otro, señor cura,
o muerta en el hogar de mi marido!
¿Puede un corazón tierno
sufrir eternamente esta cadena?
¿Hay un Dios que nos salva y nos condena
o eso también es un problema eterno?»
Oyendo esta herejía,
creyó el cura que en ella traslucía
la cara de Luzbel, oliendo a infierno ;
y siendo encantadora,
aunque era un ángel de piedad Teodora,
y el cura lo sabía
como todo hombre bueno, algo indeciso,
oyéndola decir lo que decía,
en su faz la tristeza se veía
con que Eva dejó un día el Paraíso.

                            V

    Y al cura, que azorado la veía,
y estaba en todo, esto es, no estaba en nada,
después le repetía,
aceptando, Teodora, resignada
la paciencia que lleva a la agonía:
«¡Adorarlo o morir, tal es mi suerte!»
Y el cura respondía:
«Pero pensad en Dios, la hora es sombría ;
¡ved que estáis en peligro de la muerte!»
Y enfermo de terror y sentimiento,
su rostro, que tapó con ambas manos,
se cubrió de ese tinte amarillento
que da tanta tristeza en los ancianos.
«Ya veis que sé morir como es debido
—siguió Teodora con siniestra calma—.
¡Decidida a partir, tan sólo os pido
que echéis sobre mi cuerpo y sobre mi alma,
él su memoria, su piedad el cielo,
vos el perdón, la humanidad su olvido,
la tumba su pudor, la muerte un velo!»

VI

Pasan después unos momentos, llenos
de calma aterradora ;
y entre tanto, ¿qué hacía
en alocada expectación Teodora?
¿Dormía? No. ¿Velaba? Mucho menos.
Con las manos el pecho se oprimía,
queriendo hacerse el corazón pedazos.
Se incorpora después, alza los brazos,
estrecha en ilusión alguna cosa
en medio de la fiebre que le abrasa,
y dice con sonrisa voluptuosa,
dejándolos caer: «¡Es él, que pasa!»
Al ver aquel amor inexorable,
a su buen Dios el cura, inconsolable,
la encomienda en sus santas oraciones,
y al oír, espantado,
salir de la culpable
aquella interminable
tempestad gutural de aspiraciones,
una oración sobre otra le prodiga,
y exclama el sacerdote, horrorizado:
«¡El ángel llega tarde, y sólo espiga
lo que ya Satanás dejó segado!»
Y así el buen cura exclama
porque ya con dolor ha comprendido
que es imposible a semejante llama
oponerse a un amante que es querido
y entregarse a un marido que no se ama ;
y aunque algo tarde, a conocer empieza
que es más fuerte el amor que los deberes,
pues rinde de los hombres la firmeza
y hasta el débil poder de las mujeres.

VII

Llegando al fin de su terrible suerte,
la enferma, medio muerta tiempo hacía,
después de un gran silencio, en que se oía
muy cercana de allí volar la muerte,

mirando fijamente, sin ver nada,
tiende una mano ardiente y descarnada,
busca con ella al infeliz anciano,
que por su dicha ruega,
y el rostro le tocó como una ciega
que tuviese los ojos en la mano;
se ponen azuladas sus mejillas,
sale un hondo ronquido de su pecho,
el cura la bendice de rodillas;
después... ¡después era una tumba el lecho!

VIII

Más muerto que la muerta, el pobre cura,
cuando luego miraba
el alma triste y bella
de aquella esposa fiel, culpable y pura,
flotar sobre una estrella,
«¡Perdonadla, Dios mío!», murmuraba.
¿Cómo Dios negaría su indulgencia
a una mártir que, fiel a otros amores,
a fuerza de sentido y de paciencia
el luto de su hogar cubrió de flores?
Cuando el cura veía
aquella alma flotar sobre una estrella,
y su perdón pedía,
es porque no sabía,
héroe feliz de una tranquila historia,
que cuando muere una mujer como ella,
toca a muerte la tierra, el cielo a gloria.

IX

Y cuando el cura, de su buen consejo
el término funesto contemplaba,
llorando como un niño el pobre viejo
sobrecogido de terror oraba.
«¡Yo la maté, yo he sido su asesino!»,
gritaba el infeliz, desesperado,
quejándose de sí como un malvado
que asesina a la vuelta de un camino.

Mas, fiel a su destino,
conociendo después, más serenado,
que así a volverse loco un hombre empieza,
con horror exclamó: «¡Fuera flaqueza!»
Y valerosamente,
reanimando uno a uno sus sentidos,
a brillar comenzó su noble frente
con la luz de los seres elegidos.
«¡Hago el bien, y suceda lo que quiera!
—dice tranquilo y con la frente erguida—.
¡Entre la muerte y la virtud, que muera,
que es el deber primero que la vida!»
Pasó después un siglo de un momento;
murmuró otra oración, y de repente
azotó con los pies el pavimento
y con las manos se azotó la frente;
miró a la muerta con viril firmeza,
y a repetir volvió: «¡Fuera flaqueza!»
Y el cura del Pilar, sereno, mudo,
rendido el cuerpo y destrozada el alma,
después de un negro batallar tan rudo,
a recoger volvió su santa calma
como recoge el gladiador su escudo.

LOS BUENOS Y LOS SABIOS

POEMA EN CINCO CANTOS

A mi idolatrado hermano Leandro.

CANTO PRIMERO

I

Tocó a Pedro la suerte de soldado,
pero hombre sabio y sin ningún denuedo,
todo desconcertado,
la sentencia escuchó verde de miedo.
Y como en casa había
otro hermano más joven, que tenía,

como buen labrador, gustos sencillos,
gran corazón, gran pie, grandes carrillos,
y unos puños más grandes todavía,
el padre, por la madre aleccionado,
«Si a Pedro le ha tocado ser soldado
y tanto el traje militar le asusta
—pregunta a todos de inocencia lleno—,
¿hay cosa más sencilla ni más justa
que vaya por él Juan, siendo tan bueno?»
Y nadie, por temor o hipocresía,
contra esta vil sustitución reclama.
Y, pensándolo bien, Juan ¿qué valía
comparado con Pedro, que tenía
la ambición del saber y de la fama?
Y el cura, el alguacil y el cirujano,
todo el género humano,
encuentra natural que Juan, gozoso,
sacrifique a la ciencia de su hermano
su fortuna, su amor y su reposo.
Y a ninguno subleva esta injusticia
hecha a un ser sin malicia,
de aspecto agreste y de carácter tierno.
¡Oh bondad! ¡Tú despiertas la codicia
de todos los demonios del infierno!

II

Mientras de Pedro el párroco asegura
que será en religión un alma pura
y un genio sin rival en medicina,
se burla él ya de la moral del cura
amando sin virtud a su sobrina.
Es Pedro un hombre silencioso y grave,
y, aunque ya tiene vicios,
¿qué importan en un joven que ya sabe
que fundaron a Cádiz los fenicios?
Finge bien la modestia el petulante;
y con genio y carácter volteriano,
es un mal estudiante
que estudia bien el corazón humano.
Y, aunque escaso de ciencia,
como nació de escrúpulos ajeno,

le enseñó desde niño su conciencia
que ser sabio es más útil que ser bueno.
Dice él que no ama el oro, y no lo creo,
y blanco de ira y por envidia flaco,
material por placer, de instinto ateo,
de rostro afable y de intención bellaco,
vive con la manía
de maldecir de su feliz estrella,
y cual buen pesimista en teoría
le va en la vida bien y habla mal de ella.

III

Pero Juan que era el bueno y trabajaba,
¿qué puesto entre sus deudos ocupaba?
Un puesto tal que, al repartir la madre
los dulces que a los hijos le feriaba,
«¿No das a Juan?», le preguntaba el padre,
y ella decía: «Es cierto, lo olvidaba.»
Por cortedad huraño,
sólo habla con las mulas y el rebaño
que hacia los campos guía,
sin saber qué hora es, en ningún día,
ni el día, ni aun el mes, en ningún año.
Siendo tan sobrio Juan, a falta de olla
con cebolla y con pan se desayuna ;
y ya alto el sol, sin diferencia alguna,
se come por variar pan y cebolla.
Como es todo mortal falto de trato,
según San Agustín, o santo o bestia,
por su gran castidad y su modestia
es Juan un Escipión y un Cincinato.
Para qué sirve el tenedor ignora,
y coge con los dedos las tajadas
y ríe, cuando ríe, a carcajadas,
y aúlla como un lobo cuando llora.
Aunque tiene cierto aire de limpieza,
dice Pedro su hermano
que, al tiempo en que se rasca la cabeza,
se peina con los dedos de la mano.
Prescinde en esta vida del deseo,
de la ilusión, del oro y de la gloria,

y evita, dando vueltas a la noria,
vendándose los ojos, el mareo.
Y este ser tan benigno ¿es destinado,
sin tocarle la suerte, al heroísmo?
La bondad es el suelo preparado
en que siempre los sabios han criado
el pan con que se nutre el egoísmo;
y por eso ya el vulgo ha sospechado
que han de ser y que fueron un ser mismo,
Juan *Lanas,* el *buen* Juan y Juan *Soldado.*

IV

   Juan tiene por amante
a una joven de carnes excelentes,
que echa mano a la oreja a cada instante
para ver si están firmes los pendientes;
pendientes de cerezas
que él recoge en el campo, de amor ciego,
y que ella fiel, con bíblicas ternezas,
antes los luce y se los come luego.
Es María, o Maruja, una aldeana
que, cual base de un sueño delicioso,
tiene un tío riquísimo en la Habana,
bonachón, algo verde y ya gotoso.
Tiene además los ojos como soles,
y en las sienes, tocando a las mejillas,
dos rizos, sostenidos por horquillas,
llamados en Triana caracoles.
Responde a los requiebros con cachetes,
y, no estando de risa amoratada,
parecen sus mofletes
un compuesto de leche y de granada.
Ama Juan a Maruja tan de veras,
que si algo le pedía,
aunque ella le decía «Lo que quieras»,
no sabía él tomar lo que quería.
Mas será para mí gran maravilla
si es fiel a Juan Fernández la aldeana,
porque, más que a una doble cortesana,
tengo yo miedo a una mujer sencilla;
que el candor con sus grandes honradeces,

tendiéndonos la red de sus patrañas,
enreda al cortesano en sus dobleces
lo mismo que a las moscas las arañas;
y la fe campesina es muy paciente,
pero, después de todo,
muy candorosamente
en el campo la gente
acomoda el amor a su acomodo.

V

En conclusión: Pedro obligó a su hermano
a que fuese a cumplir su mala suerte,
como aquel espartano
que en nombre de su honor, y lanza en mano,
mandó a su esclavo a combatir a muerte.
Y al ponerle en camino,
así Pedro habló a Juan: «Pues que el destino
suele hacer de un jayán un caballero,
y un héroe de un furriel adocenado,
no olvides, Juan, que, para ser soldado,
el despreciar la vida es lo primero.»
Después el cura, de latín henchido,
en vez de unos doblones,
le echó, con un sermón, dos bendiciones;
y el padre, algo afligido,
como el cura, le dio buenas razones.
Total, muchos sermones;
un sermón muchas veces repetido.
Sólo un viejo pastor, ex guerrillero,
sacó, rompiendo en llanto,
dos monedas gastadas por el canto,
de un bolsillo de cuero;
y «Toma, Juan —le dijo—,
no te doy más, porque ya sabes, hijo,
que es cobarde un soldado con dinero.»
Y Juan, casi ofendido en su ternura,
se alejó más que aprisa,
porque nadie afligió su desventura:
y es que, según el cura,
era tan bueno Juan que daba risa.

Víctima, en fin, de una implacable ciencia,
partió Juan con magnánima paciencia.
¡Admira el ver de lo que son capaces
esos hombres de bien, que, pertinaces,
nunca pierden la fe ni la inocencia!

VI

Mas cuando, ya muy lejos, se extinguía
de un sol de otoño la postrera lumbre,
oye Juan, o cree oír, desde una cumbre,
que es su casa un delirio de alegría.
Y se esforzó en seguir; pero notando
que al llegar de su hacienda a los linderos
el perro con ladridos lastimeros
le solía llamar de cuando en cuando;
como, en fin, se reduce nuestra vida
al humilde rincón en que nos aman,
quiere ver con el alma enternecida
si en su mansión querida
hay seres que le lloran y le llaman,
y por la sombra nuestro Juan velado
se volvió hacia su casa apresurado;
porque es nuestro destino
que pase el porvenir, como el pasado,
la mitad en andar por un camino,
y otra mitad en desandar lo andado.

VII

Al llegar, mira Juan por el postigo
lo que en la choza pasa:
mas se apoya en la esquina de la casa,
lo mismo que en el hombro de un amigo,
al ver desde la esquina
que, alrededor del fuego que brillaba,
el gato de la casa ya ocupaba
el rincón que él llenaba en la cocina.
Y al notar con tristeza
que olvidándose de él muchos reían,

mientras pudo observar con extrañeza
que en la cuadra las mulas no comían
por volver, para verle, la cabeza,
él triste, en actitud desesperada,
a su dolor se entrega
con la frente apoyada
sobre el tronco del árbol de la entrada
que da sombra a la casa solariega.
Luego el rostro volviendo hacia la puerta,
en tanto que su cuerpo sostenía
el árbol que en verano parecía
una jaula de pájaros abierta,
vio que algunos reían y cantaban;
y al mirar que sus deudos le olvidaban,
buscando en su dolor un compañero,
abrazó con encanto verdadero
al árbol cariñoso en que sesteaban
seis gallinas, un gallo y un cordero,
y hasta creyó que, respirando amores,
le daba un tierno «¡adiós!» por vez postrera
aquel árbol, tan lleno en primavera
de perfumes, de ruidos y de flores;
y entonces conoció su alma encantada
cuánto al bueno alboroza
esa canción, sin nombre, susurrada
por el sauce llorón que está a la entrada
de la puerta sin puerta de una choza.

VIII

Y, en fin, viendo afligido
que el mundo de sus deudos, divertido
por festejar a aquel que se quedaba,
al desdichado Juan, que se marchaba,
dejaban de nombrarlo por olvido,
humilde y humillado,
lo mismo que un cachorro castigado,
de dolor traspasadas sus entrañas,
se marchó a ser soldado,
al alborear de un día en que, aplomado,
el cielo se apoyaba en las montañas;
y huyó, y huyendo se mesó el cabello.

¡Ay del mortal que a conocer empieza
por la primera vez lo que es tristeza!
¡Ay del que es bueno y se arrepiente de ello!
Y solo, y de sí mismo frente a frente,
empezó a conocer, aunque con pena,
que es la propia bondad cosa excelente
para escabel de la ventura ajena.
Y al ver su porvenir desvanecido,
maldijo... Pero luego, arrepentido,
echó mano al bolsillo, en que tenía
una estampa de un santo desollado,
la besó con furiosa idolatría,
y después, alejándose de lado
para ver bien la casa de María,
los ojos se enjugaba, y resignado:
«¡Cómo ha de ser! ¡Cómo ha de ser!», decía.

IX

De este modo, obediente y con tristeza,
vendido siempre Juan por su ternura,
fue a abismar su cabeza
en esa bruma de la vida oscura,
formada de altivez y de bajeza,
de injusticia, de envidia y de impostura.

X

Y ahora que sabemos
que lleva la bondad a esos extremos,
ya escucho esta pregunta en vuestros labios:
«¿Quién sabe más, los buenos o los sabios?»
¡En el día del juicio lo veremos!

CANTO SEGUNDO: JUAN SOLDADO

I

Ya vuelve Juan, entre himnos de victoria,
de laureles ceñido;
y aunque llega, cual veis, tan mal vestido
del campo del honor y de la gloria,

la luz del iris en su pecho brilla,
pues lleva en él colgadas
dos cruces encarnadas,
una blanca, otra azul y otra amarilla.

II

Fue tan grande de Juan la bizarría,
que Pedro Antonio de Alarcón decía
que en Tetuán se batió como una fiera,
llevando en la batalla por bandera
un pañuelo de hierbas de María;
y añadía de Juan, que se quedaban
de lágrimas sus ojos arrasados
si alguna vez, luchando, destrozaban
un sembrado de trigo los soldados;
porque era tan buenazo,
que cuando airado para herir movía
aquel fornido brazo,
tan solamente daba, si podía,
en vez de una estocada un puñetazo;
así es que un día, exento de despecho,
de su fama en desdoro,
por no romperle la cabeza a un moro,
por poco el moro le atraviesa el pecho.

III

¡Dichoso Juan que viene
ignorando, en sus santas ilusiones,
que siempre alcanza el triunfo aquel que tiene
la razón de los muchos batallones,
y que, volviendo vencedor del moro,
ostenta sus laureles
sin presumir que, cuando falta el oro,
la gloria y el honor son oropeles!
Nunca Juan entrevió, cual buen guerrero,
feliz con su uniforme de jilguero,
el axioma profundo
de que, pese al rencor del mundo entero,
toda la gloria militar del mundo
no vale ni la vida de un ranchero;

por lo cual dejaremos que la historia
cuente de Juan el indomable brío,
porque yo, lector mío,
tengo el honor de despreciar la gloria.

IV

Ya al volver Juan era doctor su hermano.
Quien después que se hubo hecho
médico-cirujano
y estudió sin provecho
lo material del organismo humano,
en clínica aprendió cuatro patrañas;
mas siendo al parecer un hombre grande,
ni siquiera observó como Lalande
que saben a avellanas las arañas;
y aunque el caso que cuento es horroroso,
hasta su mismo padre embelesado,
viendo a Pedro hecho un médico famoso,
se acordaba de Juan avergonzado;
y no falta en la aldea quien opina
que la madre murió de gozo loca
de pensar que era Pedro en Medicina
un *Cortezo,* un *Corral* o un *Sánchez Toca.*
Y ¡cuán grande es del hombre la simpleza!
Después que, ya famoso, probó el cura
de Pedro la antiquísima nobleza
conforme a la verdad de la figura
de un árbol genealógico que empieza
saliendo de una nube muy oscura,
los arqueólogos dieron
por cosa averiguada
que los tales Fernández no salieron,
como todos los seres, de la nada,
y el maestro de escuela
probó también, como árboles pintados,
que su décima abuela
tuvo un poco que ver con dos cruzados.

V

Pero ¿y Maruja? Como Juan creía
que era invención del diablo la escritura,
temiendo de la tropa la ironía,
no escribió a su futura
la más pequeña frase
por que el cabo furriel no se enterase
de la inmensa pasión que la tenía;
así es que no sabía
la historia lastimera
de que muriendo un día
el tío que en América vivía,
a su novia dejó por heredera,
pasando así Maruja a ser María.
  Después, Pedro Fernández Palomino,
tenaz persecutor del sexo bello,
como tenía el tino
de coger la ocasión por el cabello,
faltando a la ternura y al decoro,
de Juan, ausente, escamoteó el destino,
con el ansia feroz de un campesino
que buscara en el Sil pepitas de oro.
Y aunque ella no era hermosa,
como hace el oro hasta a la fea bella,
después que fue María poderosa
resolvió Pedro enamorarse de ella.
Y María, con ánimo sereno,
para no hacer a su riqueza agravio,
no se casó con Juan, aunque era bueno;
con Pedro se casó, porque era sabio.
Y cierta frase del doctor explica
esta conclusión del vencedor del moro.
¿Cómo se ha de casar con una rica
quien nunca ha visto una moneda de oro?
María era algo tosca, pero ahora
que tiene una fortuna y un marido,
pasando de aldeana a gran señora,
mudó de piel, se puso otro vestido,
y hoy, teniendo María
un corazón que late por oficio,

mira pasar en procesión tardía,
sin ninguna virtud y ningún vicio,
un día y otro día y otro día.
Y como ya actualmente
no ha de llevar el cántaro a la fuente,
se fastidia pensando en su riqueza,
y muy feliz bosteza
y vuelve a bostezar dichosamente.
Resultado: que Pedro, hombre profundo
más bien que en lo divino en lo profano,
se casó con la novia de su hermano,
y, cual siempre sucede en este mundo,
aunque esto clama al cielo, clama en vano.

VI

   Todo esto, corregido y aumentado,
al llegar a su pueblo Juan Soldado
se lo contó con gracia extraordinaria
un quinto de Sevilla
que cree que es gazpacho con guindilla
el *summum* de la ciencia culinaria.
Mirando al relator con extrañeza,
a pesar de su hercúlea fortaleza,
al oír cada frase
se quedaba el buen Juan cual si girase
un rayo en derredor de su cabeza,
y por instinto, al fin, creyendo ciertos
los hechos del cronista sevillano,
se echó angustiado al corazón la mano,
y mano y corazón quedaron yertos:
y al ir a andar, turbado,
dio vueltas como un hombre enajenado,
y emprendiendo una marcha, igual al vuelo
de un pájaro atontado,
tambaleando de un lado a otro lado,
resbaló, miró al cielo,
y al caer desplomado,
se dio con la cabeza contra el suelo.
Y cuando Juan, herido,
fue a casa del albéitar conducido,

dos pobres del más pobre populacho
le sirvieron de apoyo ;
y aunque algún sabio dijo: «Es un borracho»,
las hijas y los hijos del arroyo
decían viendo a Juan: «¡Pobre muchacho!»
Y en medio del dolor que Juan sentía,
las sienes con la mano se apretaba,
y nombraba a María,
y por más que su nombre maldecía,
no queriendo quererla, la adoraba.

VII

Mientras Juan en un lecho, cabizbajo,
sólo piensa, entre sábanas metido,
en hacer que se olvide que ha existido,
lo cual le costará poco trabajo,
maldice en su quebranto
la ingratitud de aquella
por la cual sabe bien el cielo santo
cuántas veces comió, pensando en ella,
el pan de munición bañado en llanto.

VIII

Pensando siempre Juan, como yo pienso,
que, al morir, todo el que ama
siente un cariño inmenso,
porque el amor sin dicha es un incienso
que hace eternas las vidas que embalsama,
bendiciendo su estrella,
«¡Mejor —dijo cual nunca enternecido— ;
si hoy me muero, ya en sombra convertido
viviré cerca de él y cerca de ella!»
Y es que la fe en amar un imposible
no acaba con la vida que declina,
porque el amor es una sal divina
que produce una sed inextinguible,
por lo cual con su angélica inocencia,
y su inmensa bondad, que ya es paciencia,
Juan aspira a querer después de muerto...
¡Dios mío! ¿Será cierto
que el amor sobrevive a la existencia?

IX

Después que Juan Soldado
al hallarse vendido
sintió su corazón, ya lacerado,
por un frío mortal entumecido,
un helado sudor bañó su frente,
y luego tiernamente,
recordando la casa de su padre,
recitó mentalmente
cierta oración que le enseñó su madre;
y como al cielo su dolor eleva,
oirá el cielo esta vez sus agonías...
aunque hay días de prueba
y está lejos Dios en esos días.

X

Sin fuerza y desangrado el pobre mozo,
fijando en el albéitar la mirada,
más blanco ya que el lienzo de la almohada,
cada aliento que exhala es un sollozo;
y en postración sombría
cuando Juan respiraba todavía,
como todos los tristes, miró al cielo,
y exclamó: «¡Adiós, María!»,
en tanto que lucía
muy cerca de su herida un escalpelo.
Y ya el dolor de su alma, confundido
con el temor de una incisión sangrienta,
unió a la fiebre del amor vendido
la fiebre de una muerte violenta;
por lo cual, Juan rendido
cayó, en su puro amor desvanecido,
de la vida en el último desmayo...
¡En negar el olvido
Dios es más duro que en forjar el rayo!

XI

¡Así perdiendo a su adorado dueño,
Juan, al volver triunfante de la guerra,

cayendo de la cúspide de un sueño,
dio con el cuerpo y con el alma en tierra!

CANTO TERCERO: JUAN DE LAS VIÑAS

I

¡Qué estrella tan fatal! Sin duda alguna
hubiese sido humano
que al tiempo de nacer, cualquiera mano
volcase sobre Juan su propia cuna;
aunque hoy por su fortuna,
el viejo cirujano,
que es también el albéitar de la aldea,
a Juan curó de modo
que puso en un gran crédito la idea
de que vino y jamón lo curan todo.
Y entrando ya en la vida cotidiana,
aparte del hechizo
que le causó la voz de la campana
que tocó en su bautizo
y que en su entierro tocará mañana,
supo Juan, al volver de su desmayo,
la muerte de su madre, y que vivía
su padre, haciendo casi de lacayo,
en Madrid, con su hermano y con María;
porque siempre, mecidas al arrullo
de ideas ambiciosas,
se agrupan las familias por orgullo,
y las dispersa Dios por orgullosas.

II

Y como Juan cuando se fue a la guerra,
más bien que la esperanza de la gloria
por todos los espacios de la tierra
llevaba a su lugar en la memoria,
fue a ver con diligencia
los sitios de sus penas y placeres;
pero, después de su gloriosa ausencia,

aunque en forma variada, halló en la esencia
los mismos hechos y los mismos seres;
pues siempre, como ley de la existencia,
las cosas sucediéndose a las cosas,
las flores crían granos,
los granos van a rosas,
las larvas se convierten en gusanos,
los gusanos se vuelven mariposas;
y cambiándose en odios los amores,
formando vidas nuevas de las viejas,
las abejas se comen a las flores,
los pájaros después a las abejas;
y así implacablemente
en incesante rueda
va siendo todo igual y es diferente,
y todo va pasando y todo queda.

III

Fijo Juan en la idea
del honrar siempre a una imagen adorada,
va a ver al cementerio de la aldea
la tumba en que su madre está enterrada.
Pero ¡oh rigor del hado!
el mismo enterrador que la ha inhumado
no recuerda siquiera
dónde, de prisa y de cualquier manera,
enterró aquella madre tan querida;
y a Juan, al ver perdida
la imagen, más que todas hechicera,
le da el frío moral una ronquera
que después le duró toda su vida;
y entre lágrimas ora
por la madre que adora,
teniendo sólo al cielo por testigo,
secándose las lágrimas que llora
con un jirón de una bandera mora
conquistada por él al enemigo.
Y después, resignado,
sobre un resto de lápida sentado,
ambos codos clavando en las rodillas
sostiene con las manos las mejillas,

y volviendo la vista a lo pasado,
de las memorias de su infancia lleno,
recuerda con más pena que alegría
las veces que su madre le decía,
como si fuese un monstruo: «Juan, sé bueno»;
y, cual si aun fuera su bondad escasa,
promete ser más bueno todavía
por la memoria del postrero día
en que su madre le esperaba en casa.
Y viendo que buscaba inútilmente
el sitio en que su madre fue enterrada,
cuando ya lentamente
sumergía las cosas en la nada
la sombra, inmensamente prolongada,
por un sol que se hundía en Occidente,
al volver al lugar, meditabundo,
de confusiones lleno,
con la mayor ingenuidad del mundo
se decía a sí mismo: «¿Y qué es ser bueno?»

IV

Unos días después de su llegada,
con menos pena que ira,
al pasar por la casa de su amada
no la quiere mirar, pero la mira;
y hasta adulando a su esperanza vana
a sí mismo se enseña
una puerta pequeña,
que hace a un tiempo de puerta y de ventana,
recordando dichoso la mañana
en que, turbado, requebró a María,
mientras ella comía,
oyendo hablar de amor, una manzana.
Y siempre de la dueña enamorado,
unos días de frente, otros de lado,
cuidadoso investiga
piedra por piedra ese rincón amado...
No está más preso un pájaro en la liga
que el pobre Juan a su cariño atado.
Y el día en que consigue
pasar ante la casa, sin ser visto,

como si hubiese en lo interior un Cristo,
hace un saludo a la ventana y sigue:
mas sigue convencido
de que, leal, nunca echará en olvido
a su ingrata María,
porque en cuanto a querer y a ser querido
por el alma de Juan no pasa un día.

V

Y como es, para el bueno verdadero,
el sitio en que se nace, el mundo entero,
a la choza, vendida, en que ha nacido,
tan alegre y caliente como un nido,
dando vueltas en círculo incesante
aspira con placer, siempre que pasa,
la esencia, más que todas penetrante,
de las flores del huerto de su casa.
¡Cuánto el dolor su corazón taladra
al recordar su loca fantasía
aquel tiempo feliz en que dormía
sobre un lecho de ramas en la cuadra!
Y siempre que pasando iba y venía,
¡con qué gozo tan puro
columpiaba el cordel que se extendía
desde el sauce llorón a un viejo muro,
soñando ver en él que, al sol colgada,
de un lado a otro columpiada vuela
la ropa de blancura inmaculada
que tomaba, con salvia perfumada,
el olor de los tiempos de su abuela!
En esa cuerda, de feliz agüero,
veían con placer las campesinas
que, al dar su adiós al nido del alero,
descansaban sobre ella un día entero
antes de ir hacia el Sur las golondrinas.
Y un día en que embriagaban sus sentidos
oleadas de perfumes y de ruidos,
al mirar con encanto verdadero
que entonces festoneaban ese alero
entre nuevos y viejos ocho nidos,

perdió sus ilusiones
porque, de él ya olvidados,
no bajaron del techo descuidados
a comer en su mano los gorriones.
Y transido de pena
por estas y otras cosas que imagina,
Juan, con su cara de paciencia llena,
bendiciendo su casa, que era ajena,
por no echarse a llorar, vuelve la esquina.

VI

Probando de nuestro héroe la paciencia
el destino con todos sus azares,
quiso la Providencia
que tuviese una herencia,
que añadió un pesar más a sus pesares.
Si es curioso el lector, no habrá olvidado
aquel pobre pastor ex guerrillero
que al partir a la guerra Juan Soldado
le regaló dinero;
pues el mismo, de Juan su compañero
de glorias, de fatigas y de males,
hizo un *Juan de las Viñas* verdadero,
dejándole al morir como legado,
derecho a dos *majuelos* nominales,
un *burro,* treinta *ovejas* y mil *reales,*
con lo cual quedó Juan, siendo heredero,
más rico que cien reyes orientales.

VII

Aunque él toda su vida
aspiró al bienestar de los pequeños,
tuvo Juan con la herencia recibida
un enjambre de ensueños;
pues pensó en la ventura exorbitante
de llegar en la guerra a subteniente,
sabiendo que no hay honra semejante
a que todo oficial tenga asistente,
y cualquier general un ayudante;

y en lo civil, soñó desvanecido
en ser grande de España,
porque, excepto en la Arcadia, siempre ha sido
un palacio mejor que una cabaña.

VIII

Mientras fue pobre Juan, fue despreciado;
mas se hizo rico, y desde el mismo día,
como hombre acaudalado,
tuvo primas sin fin que no tenía;
y viéndole nadar en la opulencia
le declaró su amor con inocencia
una muchacha guapa
de un pueblo de Valencia
cuyo nombre no he visto en ningún mapa;
porque en la humana historia,
sin excepción ninguna,
si algo hace la mujer con vanagloria,
y el hombre por la gloria,
lo hacen todos los dos por la fortuna.
Mas ¿qué le importa a Juan ser heredero,
si no se pone a meditar despacio
que no hay moral mejor que la de Horacio
con juventud, con fuerza y con dinero?

IX

La inocencia campestre es una cosa
que sólo por bondad la sostenía
Virgilio el inocente, que creía
que en el campo es la gente candorosa;
y de acuerdo también con las ideas
que brillan en las obras virgilianas,
a mí me gustarían las aldeas
si no hubiese aldeanos ni aldeanas;
pero el buen aldeano, hasta el más bueno,
a todo aquel que hereda
contribuye a arruinarle, como pueda,
con la tristeza vil del bien ajeno.
Por eso a Juan, cierto vecino honrado,
con la mala intención de dos beatas,

le envenenó el ganado
untando el desalmado
con jugo de baladre unas patatas;
y nadie hallará extraño
que priven en el pueblo estas ideas,
pues las gentes de bien de las aldeas
sólo saben gozar cuando hacen daño.
Y el Fisco, por supuesto,
su escaso haber fue convirtiendo en humo,
imponiéndole impuesto sobre impuesto
por la herencia, la industria y el consumo,
por lo cual el riquísimo heredero
supo por experiencia
que Dios suele mandarnos con frecuencia
la desdicha hasta en forma de dinero.

X

Y el vulgo desalmado,
cuando ve que no tiene Juan Soldado
ni un cuarto en el bolsillo,
no le llama *Don Juan,* ni *Juan* siquiera,
pues de cualquier manera
le llama uno *Juanete,* otro *Juanillo;*
y hasta, gracias también a la lejía,
perdió el carácter militar un día
su traje de soldado,
pues, sin saber el pobre lo que hacía,
un pantalón de grana que tenía
lo dio a colar y se quedó azulado.
Así es que, avergonzado,
huyendo de la aldea
pensó en la corte, y emprendió el camino
montado en su pollino,
como un rey fugitivo de Judea.
Y lejos ya, cuando al caer el día,
el sol, bajando al mar de una montaña,
en una confundía
las sombras del palacio y la cabaña,
viendo a la luz del astro que moría
que el perro que fue suyo le acompaña,

Juan se apea, y espanta con empeño
a aquel único amigo que tenía,
porque fiel se volviese a la alquería
de su reciente dueño.
Pero al ver que se apea,
con más ingratitud que una persona
el asno puso en práctica una idea
muy digna de un doctor de la Sorbona,
dio a Juan un par de coces,
rebuznó, y, rebuznando, llamó a voces
a toda la ralea
de sus buenos amigos,
echó a correr, y se volvió a la aldea
a vivir merodeando por los trigos.

XI

Al ver aquel ex rico, que creía
ser émulo feliz de los sultanes
y que pensaba disfrutar un día
la dicha de los ricos holgazanes,
a la vista del valle en que ha nacido,
a pie, solo y herido,
y herido por un asno tan vilmente,
sintió la humillación del desaliento,
porque acaso ignoraba el inocente
que todo hombre de bien lleva en la frente
la señal de la coz de algún jumento.
Mirando al cielo, airado,
quiso, desesperado,
maldecirlo en su amargo desconsuelo...
¡Calla, desventurado!
Porque caiga una teja de un tejado,
¿qué culpa tiene de eso el pobre cielo?

XII

Viendo, en fin, más allá de las montañas
la choza en que miró la luz primera
y en que su madre por la vez postrera
«el hijo —le llamó— de sus entrañas»,

después de un gran silencio de agonía,
perdida ya por el dolor la calma,
«¡Adiós, madre del alma!»
con voz mojada en lágrimas decía ;
y de nuevo gimiendo,
mientras que da su corazón, latiendo,
más vueltas que la rueda de un molino,
la grande esclusa de su llanto rota,
perdiendo de sus ojos el camino,
fue cayendo en su pecho gota a gota.
Y como en cierto modo
son las obras de Dios hasta piadosas
con las almas honradas y amorosas,
y hay horas de dolor en que habla todo,
los seres animados y las cosas,
mientras va hacia Madrid con paso lento,
por la madre que llora en tal momento,
como ecos de la pena que sentía
oír y ver creía
temblar la tierra y suspirar el viento...
¡Yo vi también, cuando murió la mía,
a las piedras llorar de sentimiento!

CANTO CUARTO: JUAN LANAS

I

Marchaba hacia Madrid, y a Juan, rendido,
después de andar hambriento un día entero,
cuando se iba a caer desfallecido,
le da un melocotón un pordiosero,
y con esto ya el hambre con sus iras
la intrepidez estomacal no abate
del que fue hasta Madrid, desde Algeciras,
con un pan, dos arenques y un tomate.
Y, después de comerse al otro día
un trozo de jamón que suelta un gato
que persigue el mastín de una alquería,
en vez de dos muy malos que tenía
triunfante entra en Madrid con un zapato ;

y al ver una plazuela
que, siendo occidental, llaman de Oriente,
se sienta a descansar tranquilamente
sobre un banco que el moho aterciopela.
Era una noche de verano, y viendo
que la gente afanada discurría
cual si anduviese huyendo
de la lluvia menuda que caía,
oyó hablar «de cuartel», «de infantería»,
«de motín», «de sargentos», y temiendo
por el doctor su hermano y por María,
se fue a buscarlos de ternura lleno,
que aunque celoso, de rencor ajeno,
recordó que su madre le decía:
«Que seas bueno, Juan, que seas bueno.»
Y, su estancia por Pedro autorizada,
en casa de su amada,
muy cerca de la cuadra, y junto al coche,
como en los tiempos de su edad pasada,
Juan durmió aquella noche
sobre un lecho de hierba embalsamada.

II

¿Qué pasaba en la corte? Al fin de un día
de un triste mes de junio que sentía
una paz sepulcral que daba miedo,
Madrid aquella noche parecía
una ciudad más muerta que Toledo.
No dejó desterrada
la maldita ambición del mundo entero,
cuando el César Severo
«Yo he sido todo —dijo—, y todo es nada»,
pues todos luchan ya por ser mejores:
los pobres, por ser ricos;
los ricos, por ser reyes o señores;
por ser grandes los chicos;
los reyes, por llegar a emperadores;
y por esta razón se combatía
al Duque de Tetuán, que presidía
un paternal gobierno;

y aunque nada se oía,
aquel silencio, al despuntar el día,
se convirtió en el ruido de un infierno ;
pues al rumor de balas y sablazos,
de gritos de furor, de cañonazos,
se une el himno de Riego,
ese vino español alcoholizado
que embriaga y acalora como el fuego,
y que, en calles y plazas derramado,
las almas apasiona,
y hace que sea el aire electrizado
un héroe macedón cada soldado,
cada casa una puerta de Gerona.
¡Luchando aquí a traición, allí con gloria,
a degollar se lanza
más bien que el patriotismo la venganza,
pues, si es fiel mi memoria,
no igualan a aquel día de matanza
las más grandes tragedias de la historia:
y no habrá tanta sangre y tanto arrojo
en la hora en que, aleve,
alzando por señal el pendón rojo,
traiga a este mundo el general despojo
la negra pascua de la hambrienta plebe!

III

¿Quién vencerá? La buena estrella. ¡Es loco
el que crea en los prodigios de la espada,
pues si una gran virtud estriba en poco,
la heroicidad mayor pende de nada:
por eso siempre en los azares funda
sus triunfos en la guerra
la gran casualidad, madre fecunda
de todos los sucesos de la tierra!
¿Y qué importa a los pueblos ofuscados
en lo real, ni el honor, ni la victoria,
si, ilusos o engañados,
con falsedad notoria,
van llenando los templos de la gloria
con héroes por los necios fabricados ;
y en lo ideal, turbada su memoria,

cuando están por el cielo arrinconados,
con pedazos de dioses destrozados
terraplenan los huecos de la historia?
¡Mas dejad que el que todo lo gobierna
permita de la guerra el don funesto
que al corazón y a la virtud consterna!...
¡Ya acabará todo esto
cuando dé al mundo Dios la paz eterna!

IV

Y volviendo al horror de la jornada,
motín y rebelión a un tiempo mismo,
la soldadesca armada
de la plebe inocente y confiada
inflama hasta la rabia el patriotismo.
¡Oh Libertad querida!
¡Por ti, ciegos, en lucha fratricida
se matan sin clemencia
héroes sin nombre que la historia olvida,
y al fin será menor tanta demencia
si creen en su conciencia
que, epílogo la muerte de la vida,
es prólogo a su vez de otra existencia!
¡Oh Igualdad imposible! ¡En vano, en vano,
el freno sacudiendo de las leyes,
un día, por envidia hacia los reyes,
el pueblo hace de rey puñal en mano;
pues ni espadas, ni sables, ni puñales,
nos han de hacer en condición iguales,
y, pese a su patriótica constancia,
jamás podrán romper los liberales
la eterna esclavitud de la ignorancia!

V

Pido a Dios en mis grandes devaneos,
de mi madre en memoria,
que el cielo al ambicioso le dé gloria
y a Juan y a mí templanza en los deseos.
A Juan, de quien ya he dicho y repetido
que en tanto que en su casa, aunque querido,

como un esclavo el infeliz vivía,
su hermano Pedro ha sido
criado de tal modo, que creía
que el pan lo da la tierra ya cocido,
y por eso, en sus gustos consentido,
solía presumir de tal manera
que, por ser aplaudido,
pondría fuego al mar, si el mar ardiera.
Y aquel día, ambicioso sin cautela,
supuso estar febril de patriotismo,
y hasta se hizo orador de callejuela,
y habló de honor, de patria y de heroísmo.
Mas próximo el motín a ser vencido,
fingiendo estar contuso, estando ileso,
fue Pedro conducido
a un hospital en calidad de preso;
y al verse recibido
por su amigo querido
un médico castrense, calvo y grueso,
que llevaba en el frac cinco o seis placas,
con un bordado de oro tan espeso
que con sólo el exceso
se podrían bordar veinte casacas,
Pedro, de astucia lleno,
dijo al castrense con fingida calma:
«Yo sé que Juan, mi hermano, que es tan bueno,
se pondrá en mi lugar con vida y alma.»
Y al verle ya sin ganas
de aspirar al honor de ser guerrero,
a Pedro preguntó su compañero:
«¿Tan bueno es ese Juan?»

                              «Es un *Juan Lanas*»,
Pedro responde. Y sin perder momento,
se llama a Juan, el que acudió contento;
porque esto es lo que pasa:
hombre o mujer, el bueno de la casa
siempre es la cenicienta o ceniciento;
y dócil por costumbre,
obedeció sin despegar los labios;
¡funesta mansedumbre,
por la que suelen condenar los sabios
la bondad a una eterna servidumbre!

VI

Poniendo a Juan, por fin, en vez del preso,
el médico castrense calvo y grueso,
el porvenir trocó de los dos hombres
después de sobornar a un centinela.
Estos cambios de cosas y de nombres
siempre harán de la historia una novela.
En tanto que falaz de aquella suerte
el médico ex guerrero,
a fuerza de matar, temió a la muerte,
Juan, no temiendo nada,
ponía en su mirada
más bondad que en los ojos de un cordero;
y al mirar que su hermano se alejaba
con un traje de noble advenedizo
y aquel aire enfermizo
que tenían los muertos que mataba,
creyendo ver en él la imagen santa
de su infancia querida,
hacia sus ojos se agolpó la vida
y se anudó el dolor en su garganta.

VII

Mas Pedro, que era un hombre abominable,
de tal hipocresía,
que el fin de sus acciones consistía
en no dejarse ahorcar ni aun siendo ahorcable,
poniendo a Juan en su lugar, y haciendo
a la verdad agravio,
de su castigo se excusó, ejerciendo
la explotación del bueno por el sabio.
Y al verse libre, de imperial manera,
con mirada altanera
honró a los practicantes,
sin ver a Juan siquiera,
que es, a pesar del inmortal Cervantes,
la fuerza de la sangre una quimera,
y se alejó en seguida,
siempre orgulloso de su buena suerte,

como un enterrador que en plena vida
no respira más que hálitos de muerte.

VIII

Y cuando Pedro disfrazado huía,
y azorado veía
los muertos por la calle amontonados,
renunció a la ambición desde aquel día,
y con fe volteriana repetía
«que es muy bueno el laurel en los guisados»;
y su alma, desde entonces espantada,
jamás volvió a pensar en rebeliones;
que en muchas ocasiones
nuestra vida, maestra consumada,
prueba con sus lecciones
que enseña más moral una estocada
que fray Luis y Bossuet con sus sermones.

IX

Mientras llega el momento
en que, juzgado Juan, vea contento
que, en lugar de su hermano sentenciado,
o sólo va a presidio o es fusilado,
diré que en la batalla dio la suerte
la razón al más fuerte,
pues aunque ya decía Saladino
que no calla la sangre que se vierte,
como un torpe dramático, el destino
lo suele arreglar todo con la muerte.
Y así, tras largas horas de agonía,
con tanta distracción y tanto muerto,
haciendo de Madrid en aquel día
una gran catacumba a cielo abierto,
puso al motín remate
O'Donnell, que sabía
que entre todas las armas de combate
protege siempre Dios la artillería;
y altivo, fiero y por valor sañudo,
con el cañón ensangrentó la tierra,
porque era la divisa de su escudo:
«Paz en la paz, pero en la guerra, guerra.»

X

Tal fue el Gran Duque de Tetuán primero,
quien, cortés, valeroso y caballero,
las serpientes ahogó de la anarquía,
amó la libertad como Espartaco,
y en santa unión para formarle un día
dio su cuerpo Escipión y su alma Graco.

XI

Como es caso olvidado por sabido
que no hay enterrador como el olvido,
midiendo a todos por igual la suerte,
se durmió el vencedor con el vencido
en el común regazo de la muerte:
y el hecho aquel, cuyo recuerdo aterra,
acabó como acaba toda guerra,
que se entierra al final, o no se entierra,
en lugar del amigo al adversario ;
trabajo innecesario,
pues de todas maneras, en la tierra
lo que no es cementerio es un osario.

XII

La gloria y la ambición no tienen cura,
y el que haya un vencedor frente a un vencido
excluye de la tierra la ventura:
pues ¿qué es nuestra ambición? Una locura ;
y nuestra gloria ¿qué es? Ruido y más ruido.
Siempre es menor del alma la grandeza
que la miseria en que se ve abismada ;
porque ¿en qué acaba todo? En la tristeza ;
pero ¿y después de la tristeza? ¡En nada!

CANTO QUINTO: EL BUEN JUAN

I

Después del día en que terriblemente
por la espalda una vez, y otras de frente,
se mataron los hombres a millares,
la lluvia indiferente
fue llevando la sangre al Manzanares,
y el río se fue al mar por la pendiente;
y antes de la llegada
del silencio que sigue a todo ruido,
y después de aplicada
la moral vencedora «¡ay del vencido!»,
acabó nuestro Juan en presidiario;
pues el hado enemigo,
llevándolo hasta el fin de su calvario,
le hizo mandar a Ceuta por castigo
al primer batallón disciplinario;
y es fama que su fama de asesino
por su hermano arrostró noble y sereno;
pues cuando un blanco, como Juan, es bueno,
ese blanco es un negro de destino.

II

Había en Ceuta una fatal Roseta
que, adiestrada de amor por un tal Nelo,
en el cuartel del Fijo echó discreta
la caña de pescar de sus encantos,
siendo Juan el primero que, entre tantos,
picó como un mal pez en el anzuelo.
Juan, con el alma inquieta,
engañado tal vez por su deseo,
creyendo que Roseta,
hermosa valenciana con *seseo*,
se parecía un poco
a su novia María,
con honda idolatría
la adoró como un ciego y como un loco,

y ella, hasta el fin artera,
por Juan idolatrada,
se empeñó en olvidar que era casada
y se dejó obsequiar como soltera.
Valenciana notable
por el subido azul de sus ojeras,
tiene un alma irascible y entrañable
que sabe amar y odiar como las fieras.
Roseta, que servía
a un criado de un duque de Gandía,
aunque huertana y gruesa, era tan bella
que no se hallaba en Cádiz ni en el Puerto
una mujer más andaluza que ella
por la sal que vertía;
y si alguno dudase de mi aserto,
que suba al cielo, y le dirá si es cierto
el sol, que es natural de Andalucía.

III

Era Nelo un gentil aventurero
que con el alma para el mal nacida,
fue el que a Roseta administró el primero
el bautismo de fuego de la vida.
Roseta, desposada con Segundo,
se quedó, como muchas en el mundo,
no por causa del cura, mal casada;
y aunque era religiosa a su manera,
de veinte se cansó de ser soltera,
y casada de un mes se halló cansada.
Y Nelo, acaudillando
cierta mañana un enemigo bando
de turcos españoles con careta,
robó a Roseta antes de entrar en misa;
y es fama, aunque lloraba, que Roseta
se dejó secuestrar muerta de risa.

IV

En Valencia a un Manuel le llamaban Nelo,
y el Nelo de quien hablo,
siendo mejor que el diablo,
es un poco peor que Maquiavelo;

pues el traidor, lo mismo
que lo pudiera hacer un abogado,
sabía dar de lado
al Código penal y al Catecismo;
y siendo un presidiario sin grillete
que, ardoroso y con hábitos sensuales,
no tiene más que siete
de todos los pecados capitales,
hace pensar su tez amarillenta
que en su sangre hay más bilis que fibrina,
y en su boca se ostenta
la sonrisa feroz de un Catilina;
y malo desde el día en que ha nacido,
si nunca roba, con frecuencia mata,
y siendo más pirata que bandido,
es más contrabandista que pirata.

V

Ya venían de fuera
a España a veranear los ruiseñores,
y empezaba a inquietar la primavera
con sus linfas turgentes a las flores;
y, más que aquí, ya en Ceuta se sentía
la atmósfera templada
del aliento fecundo de aquel día
en que salió la tierra de la nada,
cuando Nelo, encargado,
de una misión secreta,
fue el que, en su barca de pirata honrado,
llevó a Ceuta al marido de Roseta.
Mas ésta, que a Segundo no quería,
llamándolo hacia sí, ¿qué pretendía?
Lo ignoro; pero tengo la evidencia
de que, aunque sea joven por derecho,
según dicen mujeres de experiencia,
todo marido es un anciano de hecho;
y creo, en consecuencia,
que al llamar al esposo aborrecido,
Roseta, que algún día
para ser libre se casó en Gandía,
hoy piensa hacer matar a su marido
para hacerse más libre todavía.

VI

Ya indiqué de pasada
que sólo por recuerdo de María
con alma enamorada
Juan Fernández servía
de criado a Roseta, la criada
de un criado de un duque de Gandía;
y siendo también una verdad probada
que si él la amó con sumisión completa
por su parte Roseta
pagaba sus servicios con tesoros,
pues muchas veces con sus propias manos
ya le daba *alcuzcuz,* plato de moros,
ya *caballa* y *boniato,* de cristianos.
Y un día en que Roseta,
que con calma aparente vive inquieta,
convida a Juan a manzanilla, y luego
le da un plato de callos que echan fuego,
mientras él de Roseta la belleza
contempla enamorado como un loco
y se le va subiendo poco a poco
el vino y el amor a la cabeza.
Nelo, falaz como el traidor de un drama,
encima de la estancia de la que ama,
a Segundo en un cuarto introducía,
y dando fin a una horrorosa trama,
cuando éste confiado se dormía,
en vez del pobre esposo que vivía,
dejó un muerto acostado en una cama;
y dos horas después, Juan, conducido,
con modos insinuantes,
por Roseta hasta el cuarto maldecido,
lo encerró en compañía del marido
que Nelo asesinó dos horas antes.

VII

Turbado por el vino y casi inerte,
al caer sobre el lecho
Juan sintió junto al pecho
el hielo de las manos de la muerte.

Dudó, temió, palpó, y aunque embriagado,
en medio de un horrible desvarío
le hirió, al tocar un hombre asesinado,
una descarga eléctrica de frío.
Juan, todavía incierto,
turbada la razón, si no perdida,
volvió a palpar; pero al tocar al muerto,
sintió el horror más grande de su vida.
Y corriendo después hacia la entrada
para buscar salida,
encontrando la puerta bien cerrada,
puso, al ver imposible toda huida,
una cara espantosa de espantada.
Consigo mismo entre las sombras lucha;
de nuevo el lecho a registrar se atreve;
hasta el pulso en su sien se ve y se escucha,
y el muerto, que mueve él, cree que se mueve.
Y tomando el rumor de sus pisadas
por pasos sigilosos de un malvado,
toca el puñal por Nelo abandonado
y con manos crispadas
lo coge, y defendiéndose, aterrado
da al muerto, por error, dos puñaladas.
Volvió a querer huir, pero no pudo.
Furioso fue a gritar, y se halló mudo.
¡Va y viene y vuelve, y de sudor cubierto,
da vueltas como un loco rematado,
y después de girar, de espanto yerto,
su cuerpo se quedó petrificado
y por fin cayó en tierra como muerto!

VIII

Roseta, en tanto, el ondulante talle
en la nube envolvió de un negro manto,
y gritando «¡Asesino!», con espanto,
de Rebellín alborotó la calle;
y aquella mal casada,
que sabe quién ha muerto a su marido,
llamando a Juan «¡Infame!», a grito herido
quiere a Ceuta hacer ver que está aterrada.

IX

  Delatado por Nelo,
fue preso Juan Soldado
por cierto capitán muy delicado,
que tenía más reumas que su abuelo,
héroe de tal fiereza
que, a dejarse arrastrar por sus instintos,
alinearía a un batallón de quintos
cortando a los más altos la cabeza.
«¿Es cierto que amas a Roseta?»
                                    «Es cierto.»
«¿Luego eres el que ha muerto a su marido?»
«Yo juro —dijo Juan— que no he sabido
si he muerto a un vivo o asesinado a un muerto.»
Así pregunta al mozo,
y así Juan le contesta ;
quien, después, con la cara descompuesta,
los labios se mordió y ahogó un sollozo.
¡Mas no pidió ni gracia ni consuelo,
presintiendo sin duda el desdichado
que hace ya mucho tiempo ha renunciado
al reino de la tierra el rey del cielo!

X

  Un consejo de guerra,
tan discreto por mar como por tierra,
condenó a Juan Soldado,
porque encontró evidente
que, estando de Roseta enamorado,
fue el que, arrastrado por su amor impuro,
al marido mató cobardemente
a traición y además sobre seguro.
Así por el vil Nelo,
cobarde, de una audacia calculada,
aunque no la del cielo,
la justicia del mundo fue engañada.
Y como nadie ve que Juan Soldado
transpira por los poros la inocencia,

que era un hombre culpado
fue de tal evidencia,
que un general, sin letras muy letrado,
al firmar la sentencia
exclamó de esta suerte:
«Siempre el mundo pecó por ese lado;
dilema del amor: o tú, o la muerte.»
¿Será preciso que inocente muera
el calumnioso Juan? ¡Será preciso!
¡Y pues la ley falló de esta manera,
honremos a la ley que así lo quiso!

XI

Como suelen hallarse en las honduras,
el sol ya no penetra en las cabañas;
y del mar del Estrecho en las llanuras
hacen lenguas de sombras las montañas.
Es la tarde en que Nelo
en la nave en que el vil contrabandea
desde el peñón de Gibraltar a Altea,
se embarcó con Roseta, cuyo duelo
es hoy tan grande, al parecer, que gime
como una esposa honrada y sin consuelo,
mientras Nelo, esta infame criatura,
ampara su orfandad, virtud sublime
que tanto ha bendecido la Escritura,
y los dos, ella triste y él clemente,
juntos a Ceuta apresurados dejan,
por no ver fusilar a Juan Soldado;
y contentos se alejan
con angustia aparente;
mientras que, tristemente,
parece que hasta el sol, avergonzado,
por no ver lo que ve se hunde en Poniente.

XII

De este modo Roseta con su amante,
afectan el dolor de esposa tierna,

salió para las costas de Alicante
dejando en Ceuta una tristeza eterna.
Y en mengua de lo humano y lo divino,
el pérfido asesino
partió amante y amado,
sin temor a la ley ni al fuego eterno,
porque dice un autor muy afamado
que acaba por vivir un condenado
como el pez en el agua en el infierno;
y ¡oh deshonor de la olvidada Astrea!,
lo que hace aquí más grande el desconsuelo
es que hasta el mismo Altea
de Roseta y de Nelo
el viaje iluminó con luz febea
el Dios que con el rayo alumbra el cielo.

XIII

Después de confesar muy de mañana
a aquel gran homicida sin grandeza
un cura que llamaba con tristeza
su camisa de fuerza a la sotana,
muy cerca de la fuente
donde frecuentemente
toman agua las niñas casaderas,
fusilaron a Juan sencillamente
contra un seto de pitas y chumberas.
Murió ahogado en sus últimos gemidos,
y aunque la fe de Juan era tan viva
que creía que hay seres elegidos
que alguna vez se inclinan desde arriba
para echar una mano a los caídos,
fue infeliz su bondad de tal manera,
que tuvo algún escéptico el recelo
de que en la hora de morir postrera
ni una sombra siquiera
se inclinó a recibirle desde el cielo.

XIV

Dejémosle morir a Juan Soldado.
Ya el Génesis decía sabiamente
que el hombre de dolores agobiado
no conviene que viva eternamente.
Nació y vivió inocente.
Fue bueno, y por ser bueno, desdichado.
Ayudó de su patria a la victoria.
Y aunque vivió tan útil como honrado
y creyó a pies juntillas en la gloria,
murió del todo, pues murió olvidado.
Aquí da fin la historia
del buen Juan, es decir, de Juan Soldado.

XV

¡Como en alma tan buena y tan amante
nadie ha visto una pena semejante,
por la salud del ser a quien más amo
juro que en este instante
moja el papel el llanto que derramo!
Y ya que hay en la tierra tanto duelo
que mi madre decía
que lo bueno del mundo es que hay un cielo,
porque, cual Juan, creía
que en el último día
todo el que sufre ha de tener consuelo,
¡mandad, Señor, puesto que estamos ciertos
de que es la vida una incurable peste,
que convierta a los pueblos en desiertos
ese día en que un hálito celeste
ha de barrer los vivos y los muertos!

CÓMO REZAN LAS SOLTERAS

POEMA EN UN CANTO

(Monólogo representable)

Peristilo de un templo. A la izquierda del espectador, la escalinata. A la
derecha, la puerta que da entrada a la iglesia. Personas de diferentes
sexos y edades se agrupan a esta puerta para oír misa. Durante el oficio divino se estará oyendo un armonio.

I

(PETRA *cogiendo una silla*)

Voy a rezar sentada, porque creo
que de no usar, bien cómoda, las sillas,
se me ha formado un callo en las rodillas,
que será bueno y santo, pero es feo.
Y así despacio, porque estoy de prisa,
veré si llega Pablo;
y en esta posición, oyendo misa,
tendré un oído en Dios y otro en el diablo.

II

Petra, comienza tu oración del día:
Padre nuestro que estás... (Distraída.) Estoy furiosa
de no ser pronto esposa...
¡Si en vez de madre acabaré yo en tía!
No, no soy fea; y para el mundo entero
no tienen más que este uso las hermosas.
Me casaré, ¿no he de casarme? Pero...
¡Dios tarda tanto en arreglar las cosas!...
Estaba... ¿dónde estaba?...

Creo que ya llegaba
a los cielos, esto es, a mi elemento,
porque dicen las viejas
que, como es sacramento,
cae siempre del cielo el casamiento...
Todo cae del cielo... ¡hasta las tejas!

III

Santificá... Santificá... ¡Dios mío!
Oigo un rumor extraño...
¿Será él? Voy a ver.

(Dirigiéndose a la puerta de salida y dejando caer, al descuido, el abanico, el rosario, etc.)

                              ¡Qué desengaño!
No es su yegua, es el mulo de su tío.
Un tío que es un hombre atrabiliario,
que llama estar muy malo a ser muy viejo,
que al que le pide un real le da un consejo.
¡Qué inmortal es un tío millonario!
No viene, y yo deseo hacer alarde
de lo mucho que sufro con su ausencia,
y darle rienda suelta en su presencia
a un gran suspiro que empecé ayer tarde.
¡Nadie! No llega. Mi esperanza es vana.
Ni un pájaro interrumpe con su vuelo
esa línea lejana
en que se une la tierra con el cielo.

IV

(Se vuelve a su asiento)

Volvamos a la mística tarea:
Santificado sea...
Pero antes de seguir mis oraciones,
quisiera yo saber por qué razones
de su casa a la mía, escalonadas,

el Dios de las alturas
de viudas, solteras y casadas
tendió una vía láctea de hermosuras.
O tiene hoy pies de plomo,
o Pablo está de broma;
en viendo una paloma
se vuelve un gavilán, siendo un palomo.
¿Habrá visto a Paulina,
la púdica sobrina
del deán de Sigüenza?
Quiso ser monja ayer, y hoy, por lo visto,
ya a preferir comienza
la milicia del Rey a la de Cristo.
Tiene, además de un rostro peregrino,
un pelo de oro fino;
y cuando Dios reparte
a una mujer ese color divino,
le hace un ser doblemente femenino.
¡Ay del que va en el mundo a alguna parte
y se encuentra una rubia en el camino!...
Se me está figurando
que estoy rezando mal, como cualquiera.
¿Estaré yo pecando?
De ninguna manera.
Mis tiernas distracciones no son raras.
Y, en materia de amores,
saben los confesores
que la moral suele tener dos caras.

V

A Pablo con el aire de la ausencia,
se le constipa el alma con frecuencia,
y me causan cuidados
mujeres tan expertas,
porque entre ellas, mejor que entre las puertas,
suele haber en amor aires colados.
¿Estará con Vicenta, esa viuda
que él dice, ¡el embustero!, que desprecia?
Pero ¿podrá engañarle? ¿Quién lo duda?

No hay sabio a quien no engañe cualquier necia.
Pero ¿cómo ha de engañar esa Vicenta
de tan pérfidos tratos
a un hombre tan sutil que, según cuenta,
estudia a las mujeres en los gatos?
Venga a nos... ¡Qué sospecha impertinente!
Quisiera continuar mis oraciones,
mas no puede apartarse de mi mente
la viuda que aspira a reincidente
con más hambre de amor que diez leones.
¿Y él? ¿Y él? Con los del cielo equiparados,
las mujeres son ángeles menores.
En cambio, con nosotras comparados
los hombres no son malos, son peores.

VI

Venga a nos... ¿Si estará con Nicolasa,
que llama amor a amar a su manera?...
¿Que no la ama ni el perro de su casa,
pues tiene peor sombra que la higuera?
¡Horror! Esa casada arrepentida
que hunde el globo terráqueo con su peso
y que está ya en sazón para comida,
pues tiene mucha carne y poco hueso,
dice que en su inocencia
se equivocó de esposo ;
y añade, como ley de su experiencia,
que todo el que se casa se equivoca.
Y, aunque aún existe, su difunto esposo,
con cara de canónigo dichoso,
todo cuanto sostiene
lo jura por el alma de su esposa...
Sin duda no le importa una gran cosa
que el alma de su esposa se condene.
¡Amar a una casada! Cree mi tía
que eso es común hoy día.
¡Esos hombres traidores
nunca quieren tener en sus amores
ni registro civil ni vicaría!

¡Amar a una casada! Vamos, vamos,
si a mí me diera San Miguel su espada,
ya estaría a estas horas traspasada...

(Rezando.)

Así como nosotros perdonamos...

VII

Ese hombre se ha dormido,
y yo tengo entretanto
la sangre hecha un vinagre enrojecido.
¡Cuán maldita es la suerte!...

(Suena dentro la campanilla.)

(Dándose golpes de pecho.)

¡Santo! ¡Santo!

Como estoy tan de prisa,
sigo haciendo del rezo un embolismo.
¿Quién podría creer que estoy en misa,
rezando y maldiciendo a un tiempo mismo?
Mas ¿no he de maldecirlas? Abomino
a las viudas, casadas y solteras
que salen a un camino
haciendo eses de amor con las caderas,
y luego dan posada al peregrino
metidas por bondad a posaderas.

(Se oye la Marcha Real en la iglesia y el trote de un caballo en la calle.)

¡Qué rumor! ¡Qué rumor! Se me figura...
No parece sino que lo hace el diablo.
No hay duda, pasa Pablo
ahora que va a alzar el señor cura.
Me voy; si ofendo al cielo
le pediré mañana mil perdones.
¿Dónde están mi abanico y mi pañuelo,
mi rosario y mi libro de oraciones?...
¡Están, como la tropa en las acciones,

cubriendo de cadáveres el suelo!
Diré que los recoja el monaguillo
que todas las mañanas,
más bien que por demócrata, por pillo,
toca el himno de Riego en las campanas.

(Habla con el monaguillo que, haciéndose cruces, va recogiendo los objetos nombrados.)

Voy, voy. Con estas idas y venidas
me expongo a no llegar antes que pase...

(Arrodillándose frente a la puerta de la iglesia)

¡Señor! ¡Señor! Después que yo me case,
¡qué misas he de oír tan bien oídas!...

(Vase Petra por la izquierda)

(El telón cae al son de la Marcha Real tocada en el
armonio.)